Impressum

Dr. Nils Th. Grabowski
Aztekisch (Nahuatl) – Wort für Wort
erschienen im
REISE KNOW-HOW Verlag Peter Rump GmbH
Osnabrücker Str. 79, D-33649 Bielefeld
info@reise-know-how.de

1. Auflage 2004

Bearbeitung & Layout Claudia Schmidt
Layout-Konzept Günter Pawlak, FaktorZwo! Bielefeld
Umschlag Peter Rump (Titelfoto: Helmut Hermann)
Kartographie Iain Macneish
Fotos Dr. Nils Th. Grabowski, Uwe Grabowski
Druck Wilhelm & Adam, Heusenstamm
Bindung Buchbinderei Keller, Fulda

ISBN 3-89416-355-0
Printed in Germany

Dieses Buch ist erhältlich in jeder Buchhandlung der BRD, Österreichs, der Schweiz und der Benelux. Bitte informieren Sie Ihren Buchhändler über folgende Bezugsadressen:
BRD Prolit GmbH, Postfach 9, 35461 Fernwald (Annerod) sowie alle Barsortimente
Schweiz AVA-buch 2000, Postfach 27, CH-8910 Affoltern
Österreich Mohr Morawa Buchvertrieb GmbH, Sulzengasse 2, A-1230 Wien
Belgien & Niederlande Willems Adventure, Postbus 403, NL-3140 AK Maassluis
direkt Wer im Buchhandel kein Glück hat, bekommt unsere Bücher zuzüglich Porto- und Verpackungskosten auch direkt beim **Rump Direktversand**, Heidekampstraße 18, D-49809 Lingen oder über unseren Internet-Shop: **www.reise-know-how.de**
Zu diesem Buch ist ein **Tonträger** erhältlich, ebenfalls in jeder Buchhandlung der BRD, Österreichs, der Schweiz und der Benelux.
Der Verlag möchte die **Reihe Kauderwelsch** weiter ausbauen und **sucht Autoren**!
Mehr Informationen finden Sie auf unserer Internetseite
www.reise-know-how.de/buecher/special/schreiblust-inhalt.html

Kauderwelsch

Dr. Nils Th. Grabowski

Aztekisch (Nahuatl)

Wort für Wort

Itechcopa in notemachtianitzin, in nicniuhtzin itoca Tlacatzin Stivalet; yehhuatzin: in huël petlahuac, in huël xopelahuac quetzalli.

Reise Know-How
im Internet
www.reise-know-how.de
info@reise-know-how.de

Aktuelle Reisetipps und Neuigkeiten, Ergänzungen nach Redaktionsschluss, Büchershop und Sonderangebote rund ums Reisen

Die
Reise Know-How Verlag
Peter Rump GmbH
ist Mitglied der
Verlagsgruppe Reise Know-How

Kauderwelsch-Sprechführer sind anders!

Warum? Weil sie Sie in die Lage versetzen, wirklich zu sprechen und die Leute zu verstehen.

Wie wird das gemacht? Abgesehen von dem, was jedes Sprachbuch bietet, nämlich Vokabeln, Beispielsätze etc., zeichnen sich die Bände der Kauderwelsch-Reihe durch folgende Besonderheiten aus:

Die **Grammatik** wird in einfacher Sprache so weit erklärt, dass es möglich wird, ohne viel Paukerei mit dem Sprechen zu beginnen, wenn auch nicht gerade druckreif.

Alle Beispielsätze werden doppelt ins Deutsche übertragen: zum einen **Wort-für-Wort**, zum anderen in „ordentliches" Hochdeutsch. So wird das fremde Sprachsystem sehr gut durchschaubar. Denn in einer fremden Sprache unterscheiden sich z. B. Satzbau und Ausdrucksweise recht stark vom Deutschen. Ohne diese Übersetzungsart ist es so gut wie unmöglich, schnell einzelne Wörter in einem Satz auszutauschen.

Die **Autorinnen** und **Autoren** der Reihe sind Globetrotter, die die Sprache im Land selbst gelernt haben. Sie wissen daher genau, wie und was die Leute auf der Straße sprechen. Deren Ausdrucksweise ist nämlich häufig viel einfacher und direkter als z. B. die Sprache der Literatur oder des Fernsehens.

Besonders wichtig sind im Reiseland **Körpersprache, Gesten, Zeichen** und **Verhaltensregeln**, ohne die auch Sprachkundige kaum mit Menschen in guten Kontakt kommen. In allen Bänden der Kauderwelsch-Reihe wird darum besonders auf diese Art der nonverbalen Kommunikation eingegangen.

Kauderwelsch-Sprechführer sind keine Lehrbücher, aber viel mehr als Sprachführer! Wenn Sie ein wenig Zeit investieren und einige Vokabeln lernen, werden Sie mit ihrer Hilfe in kürzester Zeit schon Informationen bekommen und Erfahrungen machen, die „taubstummen" Reisenden verborgen bleiben.

Inhalt

Inhalt

Konversation

Anhang

Vorwort

Nahuatl? Aztekisch? Ist das nicht schon längst ausgestorben? – Von vielen Mestizos Mexikos abfällig als einer der „Dialekte" bezeichnet, stellt **Nahuatlahtolli,** die „elegante Sprache", die am häufigsten gesprochene Indianersprache Mexikos dar. Nahuatl war offizielle Handels- und Verkehrssprache in **Anahuac** („Platz an den Wassern"), dem Handelsimperium der Azteken. Reden, Lieder und Gedichte sind in dieser Sprache überliefert.

Die Indianer (Indígenas), von den Mestizos oft für rückständig und ignorant gehalten, wurden seit der Conquista an den Rand der Gesellschaft gedrängt, und es wurde versucht, ihre Kultur auszulöschen. Gleiches gilt für ihre Sprachen. Die Azteken wurden von ihrem letzten Herrscher **Cuauhtemoc** gebeten, ihre Kultur zu verstecken („Das Vermächtnis des Cuauhtemoc"). Diesem Befehl folgten sie treu bis in die heutige Zeit. Mittlerweile hat sich die Situation verbessert, und einige Indianersprachen werden sogar an den Universitäten gelehrt.

Wenn Sie als Fremder, als **Coyotl** („Kojote"), ein wenig Nahuatl sprechen, werden Sie eine weitere Facette dieses faszinierenden Landes kennen lernen. In diesem Sinne:

¡Ma nemi Anahuac! – ¡Viva México!

Dr. Nils Th. Grabowski

Hinweise zur Benutzung

Der Kauderwelsch-Band „Nahuatl" ist in die Abschnitte „Grammatik", „Konversation" und „Wörterliste" gegliedert:

Die **Grammatik** beschränkt sich auf das Wesentliche und ist so einfach gehalten wie möglich. Deshalb sind auch nicht sämtliche Ausnahmen und Unregelmäßigkeiten der Sprache erklärt.

In der **Konversation** finden Sie Sätze aus dem Alltagsgespräch, die Ihnen einen ersten Eindruck davon vermitteln sollen, wie Nahuatl „funktioniert", und die Sie auf das vorbereiten sollen, was Sie später in Mexiko hören werden.

Mit Hilfe der Wort-für-Wort-Übersetzung können Sie bald eigene Sätze bilden. Sie können die Beispielsätze als Fundus von Satzschablonen und -mustern benutzen, die Sie Ihren eigenen Bedürfnissen anpassen.

Jede Sprache hat ein typisches Satzbaumuster. Um die sich vom Deutschen unterscheidende Wortfolge der Nahuatl-Sätze zu verstehen, ist die **Wort-für-Wort-Übersetzung** in kursiver Schrift gedacht. Wird *ein* Nahuatl-Wort im Deutschen durch *zwei* Wörter übersetzt, werden diese in der Wort-für-Wort-Übersetzung mit einem Bindestrich verbunden. Ein Punkt steht, wenn ein Wortteil durch zwei Wörter übersetzt wird. Silben, die im Nahuatl nur aus Betonungsgründen eingesetzt wurden, werden durch den Platzhalter „(-)" dargestellt.

Nahuatl	**huehue|tzin**	**Ti|yōllopozoni|ti|nemi.**
Wort für Wort	*alter·Mann-☺*	*du-wütend-(-)-leben*
Deutsch	(verehrter) alter Mann	Du bist stets wütend.

Zwischen Wörtern, die man untereinander austauschen kann, steht ein Schrägstrich. Abweichende Dialektvarianten werden in schmalerer Schrift mit dem Hinweis auf das Verbreitungsgebiet angegeben (Z = Zentrum, H = Huasteca).

¿Önca (H: eltoc) **chaotl/caputzli?**
dort (ist) Tee/Kaffee
Gibt es (schwarzen) Tee/Kaffee?

Funktionssilben, also Silben, die im Wort nur eine bestimmte Funktion erfüllen, aber keine eigene Wortbedeutung haben, sind in der Wort-für-Wort-Übersetzung in Kapitälchen gesetzt.

te|tla|maca	**tla|cohua|lo|ni**
JEMAND-ETWAS-geben	*ETWAS-zahlen-PASS.-MACHER*
(jmd. etw.) geben	Geld

Die **Wörterlisten** am Ende des Buches enthalten einen Grundwortschatz von je ca. 850 Wörtern „Deutsch – Nahuatl" und „Nahuatl – Deutsch". Die **Umschlagklappe** hilft, die wichtigsten Sätze und Formulierungen stets parat zu haben. Aufgeklappt ist der Umschlag eine wesentliche Erleichterung, da nun die gewünschte Satzkonstruktion mit dem entsprechenden Vokabular aus den einzelnen Kapiteln kombiniert werden kann. Hier finden Sie auch das Kapitel „Nichts verstanden ? – Weiterlernen!" und eine Liste der Abkürzungen.

Zur besseren Übersicht und als Lesehilfe werden die Wörter nach Stämmen, Vor- und Nachsilben durch vertikale Striche getrennt. Im geschriebenen Nahuatl entfallen diese natürlich! In der Wort-für-Wort-Übersetzung steht an dieser Stelle ein Bindestrich.

Seitenzahlen

Auf jeder Seite wird die Seitenzahl auch auf Nahuatl angegeben!

Nahuatl – die Baukastensprache

Nahuatl sprechen bedeutet auch ein munteres Hin- und Herjonglieren mit Wortstämmen und möglichen Vor- und Nachsilben, was der Sprache erst die richtige Würze gibt. Da diese Silben unentbehrlich sind, werden hier zumindest die wichtigsten vorgestellt.

Nahuatl wird, wie viele andere (meist außereuropäische) Sprachen, als „agglutinierend" („anklebend") bezeichnet, d. h., an eine Wurzel oder einen Wortstamm, werden ein oder mehrere Vor- und Nachsilben gehängt, die die Wortbedeutung dieser Wurzel näher bestimmen oder sie in charakteristischer Weise formen. Das, wofür wir im Deutschen oft eine umschreibende Formulierung brauchen, wird hier in ein einziges Wort „gepackt".

Dieses Baukastensystem ist uns in einer vereinfachten Form auch vom Deutschen geläufig, z. B. „Ess-zimmer, Ess-en, geg-ess-en, ess-bar" etc. Dabei ist der Übergang zwischen den uns geläufigen Wortkategorien im Nahuatl mehr oder minder fließend; je nach Anhängsel kann ein Wortstamm als Hauptwort (Substantiv), als Verb oder als Eigenschaftswort (Adjektiv) verwendet werden.

Die Anhängsel und Silben können sogar verschiedene Höflichkeitsgrade zum Ausdruck bringen! Und da für die Mexikaner, ob Indígenas oder Mestizos, Höflichkeit eine große Rolle spielt, wird auch mit allerlei Silben, die Respekt ausdrücken, nicht gespart. So können dann wahre Wort-Ungetüme zustande kommen.

Nahuatl ist eine von 300 Sprachen und Dialekten Mexikos. Spanisch ist die Staatssprache Mexikos. An ihr kommt man nicht vorbei, wenn man sich jenseits der Hotelburgen mit der Kultur und den Menschen auseinandersetzen will. Doch Spanisch ist bei weitem nicht die einzige Sprache, die in Mexiko gesprochen wird. Von den über 80 Millionen Mexikanern sprechen etwas weniger als 6 Millionen Einwohner eine indianische Sprache. Etwa 85 % der Indígenas sprechen eine Sprache, die zu den drei zahlenmäßig bedeutendsten Stämmen

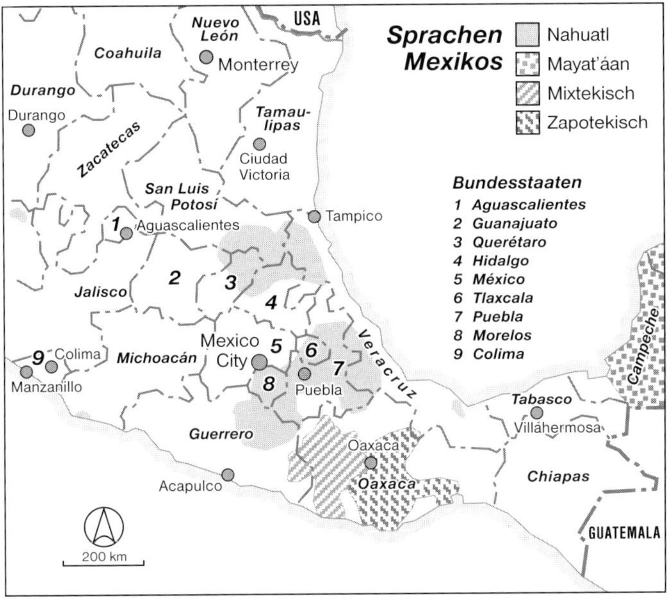

Maya, Oto-Manque und Uto-Aztekisch gehört. Von diesen Sprachen ist Nahuatl oder Aztekisch mit mehr als 1,5 Mio. Sprechern die wichtigste indianische Sprache Mexikos, gefolgt vom yukatekischen Maya (ca. 740.000 Sprecher) und den Oto-Manque-Sprachen Zapotekisch und Mixtekisch (ca. 500.000 bzw. 400.000 Sprecher).

Wo wird nun Nahuatl gesprochen? Vor allem im Zentrum des Landes. Insgesamt gibt es in 13 Bundesstaaten Nahua-Gebiete, vom Norden (Teil der Bundesstaaten Durango, Nayarit, Michoacán und San Luis Potosí) über das Zentrum (Hauptstadt und die Bundesstaaten Hidalgo, México, Morelos,

Insgesamt gibt es rund 300 Sprachen und Dialekte in Mexiko, die untereinander so verschieden sind wie Deutsch, Koreanisch und Swahili, da sie aus zehn verschieden Sprachstämmen stammen.

Hier ein Beispiel für die Variationsbreite der Dialekte: „Waschbär" heißt eigentlich **mapach,** *im Zentrum hört man eher* **mapachi.** *Die Nahuas, die in der Hauptstadt leben, sagen eher* **tzicompalpacho** *oder* **pezohtle,** *und in der Stadt Acaxochitlan im Bundesstaat Hidalgo, die auch den Zentrumsdialekten angehört, wird dieses Tier* **agilama** *genannt*

Oaxaca

Tlaxcala und Puebla) bis in den Süden (Teile von Guerrero, Oaxaca, Veracruz). Allerdings wird dort nicht überall Nahuatl gesprochen, und außerdem werden in diesen Gebieten auch andere Indianersprachen verwendet, so dass man auch innerhalb dieses Gebietes nicht überall mit Nahuatl durchkommt. Allerdings verwenden viele Indígenas Nahuatl weiterhin als Verkehrssprache, gerade an Markttagen, an denen Mitglieder vieler Ethnien in die kleineren Städte kommen.

Darüber hinaus zerfällt das moderne Nahuatl-Sprachgebiet in vier größere Hauptdialekte (Zentrum, West-Peripherie, Ost-Peripherie und Huasteca), doch auch innerhalb dieses Gebietes variiert die Aussprache, die Wortwahl, bisweilen auch die Grammatik stets ein wenig von Ort zu Ort, ähnlich wie im Plattdeutschen. Dabei sind, um die Verwirrung komplett zu machen, die Veränderungen nicht durchgängig an die Dialektgrenzen gebunden. Das hat damit zu tun, dass es nach der Conquista große Abwanderungen der indianischen Bevölkerung gab; diese nahmen ihre Sprache natürlich mit und vermischten sie mit der dort ansässigen Bevölkerung, so dass eine Mischung aus ursprünglichen und neu aufgenommenen Elementen entsteht, die für jede Region unterschiedlich ist.

Um das Ganze also nicht unnötig zu verkomplizieren und da die meisten Nahuatl-Sprecher das Zentrum und die Huasteca bewohnen, vermittelt dieser Sprechführer die Hochsprache, die überall in diesen Gebieten gut verstanden wird und auch so in Mexiko gelehrt wird. Auf die Besonderheiten der Dialekte wird in der Grammatik eingegangen werden. Typische Ausdrücke sind als „Z" (Zentrumsdialekte) oder „H" (Huasteca-Dialekte) gekennzeichnet.

Ein ähnliches Problem tritt auch bei der Schreibung auf; einige Dialekte schreiben sich mit einer ans klassische Nahuatl angelehnten Schreibweise, andere haben eine eigene Orthographie entwickelt. So wird z. B. **tlacatl** (Mensch) zu **tlakatl, pitzomeh** (Schweine) zu **pitsomej** oder **cihuatl** (Frau) zu **siuatl.** Obwohl diese Unterschiede nicht wirklich gravierend sind, wollen wir auch hier dem Leser etwas entgegenkommen und verwenden eine ans klassische Nahuatl angelehnte Schreibweise, die dem Reisenden am ehesten begegnen wird, z. B. in Ortsnamen, wie Mazatlan, Acapulco oder Teotihuacan.

Mazatlan

Españahuatl, Nahuañol & Co.

Wer jetzt an Sprachen-Kuddelmuddel denkt, liegt gar nicht einmal so falsch. Die Indígenas Mexikos teilen ein Schicksal mit vielen anderen indianischen Völkern; trotz Bemühungen der heutigen Regierung bekommen viele Indígenas keine ausreichende Schulbildung, auch nicht in ihrer eigenen Sprache. Das bedeutet zum einen, dass nicht alle Nahuatl-Sprecher auch wirklich grammatikalisch richtig sprechen (selbst in ihren Dialekten), zum anderen heißt das auch, dass Spanisch einen zunehmenden Einfluss auf das Nahuatl gewinnt und die Sprecher einen mehr oder minder großen Wortschatz Spanisch in ihre Unterhaltungen mit einfließen lassen; je nach dessen Anteil spricht man von Españahuatl bzw. Nahuañol. Nicht jeder weiß, dass „Telefon" auf Nahuatl **huehcatlahtolli** bedeutet. Da das Wort aber ähnlich wie das deutsche „Fernsprecher" aufgebaut ist (**huehca** bedeutet so viel wie „weit entfernt", und **tlahtolli** „Sprache"), wird es verstanden. In einigen Regionen wird man allerdings eher das spanische *teléfono* hören. Haben Sie also keine Angst, Nahuatl zu sprechen, auch wenn es sich etwas anders anhört als das, was man zu hören bekommt, und scheuen Sie sich auch nicht davor, im Notfall auch einmal ein paar spanische Vokabeln einzuflechten.

Andersherum gesehen kennt das mexikanische Spanisch aber auch viele Aztekismen oder Indigenismen, also Begriffe, die aus Indianersprachen stammen. Der rege Gebrauch dieser Ausdrücke gibt auch dem Spanisch in Mexiko die richtige Würze und weist den Sprecher als „alten Hasen" aus (s. Kap. „Aztekismen") Spanische Wörter sind übrigens kursiv in schmalerer Schrift gesetzt, z. B. teléfono.

Das Vermächtnis des Cuauhtemoc

Cuauhtemoc

Nach dem Tode des **Huey Tlahtoani** (*groß sprechen-MACHER*, Herrschertitel) **Motecuhzoma Xocoyotzin** 1520 und nachdem im gleichen Jahr sein Bruder und Nachfolger **Cuitlahuac** an den eingeschleppten Pocken starb, übernahm deren Vetter **Cuauhtemoc** die Regierungsgeschäfte in **Tenochtitlan.** Am 13. August 1521 fiel **Tenochtitlan, Cuauhtemoc** wurde gefangen genommen, gefoltert und 1525 von den Spaniern gehängt. Einen Tag vor dem Fall von **Tenochtitlan** – laut dem aztekischen Kalender **matlactlihuan yei cuetzpallin, tlaxöchimaco, yei calli** (*Tag dreizehn Eidechse, Monat des Dekorierens mit Blumen, Jahr drei Haus*) – soll er nachfolgenden Befehl ausgegeben haben, der mųndlich, und damit immer wieder etwas anders, überliefert worden ist. In diesem Meisterstück aztekischer Redekunst ruft er alle anahuakischen Mitbürger auf, ihre Kultur zu verstecken, nicht aber zu vergessen ... Und diesem letzten Befehl des **Cuauhtemoc** ist man bis heute glücklicherweise treu geblieben.

Tlatzaccan Cuauhtemoctzintli Itenahuatil	**Letzter Befehl des Ehrenwerten Cuauhtemoc**
Totonal yëh omotlatitzino,	Unser Schicksal hat sich verborgen,
totonal yëh omixpoliuhtzino	unsere Sonne hat ihr Antlitz abgewendet
ihuan centlayohuayan	und uns in vollkommener Dunkelheit
otechcahuili.	zurückgelassen.

Mach ticmatih occepa mohualhuiliz, ma occepa moquizaltiz ihuan yancuican techtlahuiliIiquiuh.

Aber wir wissen, dass sie wieder zu uns kommen, wieder herauskommen und von neuem auf uns strahlen wird.

In oquic ömpa mictlan momaniltícaz, ma zan iciuhca titocentlalican, ma titonechicocan, ihuan toyölnepantla ma tictlatican mochi in toyölo quitlazohtla ihuan ticmatih totlatqui tipan yuhquin huey chalchihuitl.

Während sie also dort zwischen den Toten bleibt, lasst uns uns schnell vereinen, uns treffen, damit wir in unseren Herzen alles verstecken, was wir lieben, denn wir wissen, dass unsere Kultur wie ein großer Edelstein ist.

Ma tiquinpohpolocan in toteocalhuan, in tocalmecahuan, in totlachcohuan, in totelpochcalhuan, in tocuicaçalhuan; ma mocelcahuican in toohuihuan, ihuan tochanhuan ma techpielican.

Schleifen wir unsere Tempel, Universitäten, Ballspielplätze, höhere Schulen, Musikschulen; mögen nur unsere Straßen überdauern, mögen unsere Heime uns schützen.

Quin ihucuac quizaltiz toyancuic tonal, in tetahtzitzin ihuan in tenantzitzin ma aic moquiilcahuitican quimilhuitizqueh intelpochhuan ihuan ma quinmachtilican inpilhuan, in oquic nemizqueh, huel quenin cualli moyetzinoticatca quin axcan Totlazohanahuac (...).

Bis also unsere Sonne herauskommt, mögen die geschätzten Väter und Mütter niemals vergessen, ihren Söhnen zu sagen, ihren Kindern zu erklären, wie wunderschön unser geliebtes Mexiko bis heute gestaltet war (...).

Axcan tehhuantin tiquintequimacah in topilhuan: ¡macahmo quiilcahuacan, ma quinnonotzacan inpilhuan huel quenin moyetzinotiyez in imacoquizaliz, quenin occepa moehualtiz totonaltzin ihuan huel quenin quitzontiliz huyeica inehtotiliz inin tlazohtlalnantzin Anahuac!

Nun übergeben wir die Aufgabe an unsere Kinder: Mögen sie es nicht vergessen, mögen sie ihre Kinder klar und deutlich informieren, wie das Aufsteigen, das neuerliche Erheben unserer verehrten Sonne sein wird, und wie unsere geliebte und verehrte Heimat Mexiko ihre Kraft wiedererlangt, und wie sie majestätisch ihr Versprechen einhält!

Aussprache & Betonung

Wer mexikanisches Spanisch (laut) lesen kann, für den ist Nahuatl kein Problem. Die Mitlaute werden, ähnlich wie im Spanischen, unbehaucht gesprochen. Ansonsten gibt es nur wenige ungewöhnliche Buchstaben und -kombinationen.

Die Buchstaben **b, d, f, g, j, k, s, r** *und* **v** *kommen nur in Fremdwörtern und einigen Dialekten vor.*

ä	wie dt. „ä" in „W**ä**sche" **quipiäh** (er hat)
c	unbehauchtes „k" vor **a, ä, o, ö** und **u** **capuztli** (Kaffee)
c	stimmloses „s" wie in „Bu**s**" vor **e, ë** und **i** **ce** (eins, einer, eine, ein)
cu	unbehauchtes „k" + engl. „w" + Selbstlaut **cualli** (gut)
ch	wie „tsch" in „Ru**tsch**e" **chilli** (Chilipfeffer)
e	halboffenes „e" zwischen „ä" u. „e" (span. „e") **quemah** (ja)
ë	geschlossenes „e" wie in „W**e**g" **yëh** (schon)
h	immer hörbar, auch am Wortende, also kein deutsches Dehnungs-h **titoittazqueh** (wir werden uns sehen)
hua	Die Kombinationen mit **hu** + Selbstlaut (**hua, hue, huë, hui**) klingen wie das engl. „w" in „**wh**at" mit entsprechendem Selbstlaut **huallaz** (er wird kommen)
ll	Doppel-l (nicht „lj" wie im Spanischen) **calli** (Haus)
ö	ein Laut zwischen „o" und „u" (Mund in Position für „o" bringen, aber „u" sprechen) **caxtölli** (fünfzehn)
que, qui	**qu** in **que** und **qui** wird wie „k" gesprochen **quexqui?** (wie viel?)

tl	Der wohl typischste Laut der Sprache; „t“ + „l“ gilt als *ein* Laut (also nicht „t(e)l“) wie in engl. „bu**tl**er“ **tlazohcamati** (danke)
tz	wie „z“ in „**Z**ucker“ **tzopelic** (süß)
x	„sch“ (jedoch nicht gerundet) wie in „**Sch**ule“, eher wie „ch“ in „**Ch**iffre“ **xicalli** (Korb)
y	wie „j“ in „**J**äger“ **yalhua** (gestern)
z	wie „ß“ in „Ma**ß**“ **tepözpapalotl** (Flugzeug)

Soweit die Hochsprache. In den Dialekten kann sich die Aussprache etwas ändern. Dabei gilt: Je weiter entfernt ein Ort vom Zentrum und der Huasteca ist, umso stärker weicht die Aussprache von der hier beschriebenen ab. Allerdings gibt es auch innerhalb der beiden obengenannten Dialekte lokale Eigenheiten und Abweichungen. Die wichtigsten Abweichungen sind:

- **tl** kann zu **t** oder **l** werden oder am Wortende ganz entfallen. Als Varianten zu **tlacatl** (Mensch) gibt es also u. a. tlacat, tacat, tlacal, lacal oder tlaca.
- **n** am Wortende kann entfallen, z. B. **ocuillin** (Wurm) wird zu ocuilli (v. a. im Zentrumsdialekt).
- **h** kann entweder ein Dehnungs-h sein (so dass der vorangehende Selbstlaut lang ausgesprochen wird), komplett ignoriert werden, wie deutsches „ch“ klingen oder einen Stimmabsatz („’“) darstellen wie im deutschen „ver’eisen“ (so z. B. in vielen Gebieten des Zentrumsdialektes). So kann **tahtli** „Vater“ wie „taatli“, „tatli“, „tachtli“ oder „ta’tli“ klingen.
- Die Übergänge zwischen **e, ë** und **ä** sind fließend, ähnlich wie **o, ö** und **u.**

Kauderwelsch-Tonträger

*Falls Sie sich die Sätze und Wörter, die in diesem Buch vorkommen, einmal von einem Muttersprachler gesprochen anhören möchten, kann Ihnen Ihre Buchhandlung das begleitende Tonmaterial zu diesem Buch besorgen. Sie bekommen es auch über den Rump-Direktversand oder unseren Internetshop **www.reise-know-how.de** zuzüglich Porto- und Verpackungskosten.*

●In einigen Gebieten wird Wert auf die Länge der Selbstlaute (tlaacatl statt **tlacatl**) gelegt.
●Wenn Wörter mit **e** beginnen, wird manchmal ye gesprochen (yehecatl statt **ehecatl**).
●In den Randzonen des Nahuatl-Sprachgebietes wird oft **t** zu **d** und **c** zu **g** „aufgeweicht", z. B. **nican** „hier" zu nigan oder niga. Obendrein wird **hu** + Selbstlaut wie **b** + Selbstlaut gesprochen, und so wird aus **quiahuitl** (Regen) „giabít", was dann für den Ungeübten schon eine echte Herausforderung darstellt.

Der spanische Brauch, Fragen mit einem umgekehrten Fragezeichen (¿) zu beginnen, wurde in der Verschriftlichung des Nahuatl übernommen; gleiches gilt für das Ausrufezeichen (¡).

Betonung

Das dem Nahuatl innewohnende Verständnis von Dualität wirkt auch auf die Betonung: Jede zweite Silbe wird betont, wobei die letzte immer unbetont ist. Das geht sogar so weit, dass bedeutungslose Silben in das Wort geschoben werden können, um die richtige Betonung zu gewährleisten.

In der Hochsprache liegt die Betonung stets auf der vorletzten Silbe (**tzopélic** „süß"). Bei langen Wörtern werden auch vorangegangene Silben leicht betont, und zwar nach dem Muster „betont - unbetont", wobei die letzte betonte Silbe die vorletzte Silbe des Wortes sein muss, z. B. **Ténochtítlan, tlazóhcamáti.**

In einigen Gebieten der Peripherie, aber auch im Südosten von Puebla verschiebt sich der Akzent. In ersteren hört man auch schon einmal eine Betonung der letzten Silbe (tacát statt **tlácatl,** und in Süd-ost-Puebla werden Hauptwörter auf **-tli** und **-li** sowie Tätigkeitswörter in der Einzahl, wenn sie auf **-qui** enden, auf der drittletzten Silbe betont: cácuich|tli (Ruß) statt **cacuích|tli.**

Wörter, die weiterhelfen

Wer sich in der „eleganten Sprache“ ausdrückt, ist vor allem erst einmal eins: höflich und respektvoll. Daher ist der nachfolgende Ausdruck grundlegend für alles andere:

Tla xi|nech|popolhui, ...
bitte·☺ !-mich-entschuldigen
Entschuldigung bitte, ...

¿Cuix ti|c|mo|piä|l|tia ...?
ob du-ihn-dich-haben-BETREFFEN-MACHEN ...
Haben Sie ...?

Quemah|ca|tzin, ni|c|piä [Z: nemi; H: eltoc].
ja-sein-☺, ich-ihn-haben
Ja, habe ich.

Ahmo|tzin, ahmo ni|c|piä.
nein-☺, nein ich-ihn-haben
Nein, habe ich nicht.

Etwas „salopper“ hört man im Zentrum statt **ahmo ni|c|piä** *auch* machoga, machcate(n), ayal, xuncate, xac, coxtlei, ahmo teyi, ahmo cateh, ahmo önca, ixunca *oder* nyemih, *was sinngemäß „gibt's nicht“ bedeutet.*

¿Önca (H: eltoc) **...?**
dort (ist) ...
Gibt es ...?

¿Önca (H: eltoc) **tlaxcalli?**
dort (ist) Tortilla
Gibt es Tortillas?

Önca (H: eltoc).
dort (ist)
Ja, das gibt es.

Ahmo önca (H: eltoc).
nicht dort (ist)
Nein, das gibt es nicht.

¿Tlein patio ...?
was teuer
Wie viel kostet ...?

¿Tlein patio inin?
was teuer dieses
Wie viel kostet das?

I|patiuh ...
sein-Preis
Das kostet ...

¡Ma xi|nech|maquilti ...!
bitte !-mich-geben·☺ ...
Geben Sie mir bitte ...

¿Campa ca ...?
wo sein ...
Wo ist ...?

¿Campa ca in tianquiztli?
wo sein der Markt
Wo ist der Markt?

Die wichtigsten Richtungsangaben stehen in der rechten inneren Umschlagklappe.

Hauptwörter & Artikel

Die meisten Hauptwörter (Substantive) tragen Endungen, und zwar **-in, -tli, -tl** oder **-li.**

In der Wörterliste findet man die Hauptwörter immer mit dieser Endung.

zöll|in	Wachtel	**ocuill|in**	Wurm, Raupe
tah|tli	Vater	**itzcuin|tli**	Hund
tepe|tl	Hügel, Berg	**cihua|tl**	Frau
cal|li	Haus	**tonal|li**	Sonne, Tag

Durch diese Endungen erhält das Hauptwort eine gewisse „Bestimmtheit“ oder besser „Vollständigkeit“. Sobald das betreffende Hauptwort näher bestimmt wird (z. B. durch ein zweites Hauptwort oder den bestimmten Artikel, ein hinweisendes Fürwort etc.), entfällt diese Endung. Das gilt auch für die zentralen und die Huasteca-Dialekte; die peripheren Dialekte hingegen lassen sie meist von vorneherein weg.

der, die, das – dieses & jenes

Ein grammatikalisches Geschlecht wie im Deutschen (männlich, weiblich, sächlich) gibt es nicht. Das Hauptwort kann jedoch durch den bestimmten Artikel **in** (der, die, das) sowie durch die vorangestellten hinweisenden Fürwörter **inin** (dieser, diese, dieses) und **inon** (jener, jene, jenes) näher bestimmt werden. Einen unbestimmten Artikel (ein, eine) gibt es im Nahuatl nicht, kann aber durch das Zahlwort **ce** (eins) umschrieben werden.

Funktionssilben für Hauptwörter

Damit ist das Kapitel über Hauptwörter noch längst nicht abgeschlossen. Es gibt noch einige weitere Anhängsel für Hauptwörter, die die Bedeutung des

Wortes verändern können, aber für sich genommen kein eigenständiges Wort sind, auch wenn es auf den ersten Blick so aussieht.

Die Hauptwortendungen **-in, -tli, -tl** oder **-li** werden dabei durch eine der nachfolgenden Endungen ersetzt. Beim genaueren Hinschauen entdeckt man, dass die Funktionssilben die Hauptwort-Endungen teilweise enthalten, wodurch das neu gebildete Wort wieder die nötige „Vervollständigung" erhält.

<table>
<tr><td>-e, -hua</td><td>Besitzer (a. im übertragenden Sinn)</td></tr>
<tr><td>-yotl, -otl</td><td>Abstraktion, „Essenz"</td></tr>
<tr><td>-tzintli, -tzin</td><td>Respekt</td></tr>
<tr><td>-tontli, -ton</td><td>Disrespekt</td></tr>
<tr><td>-zolli</td><td>Beschädigung (nur Gegenstände)</td></tr>
</table>

<table>
<tr><td>oquich|tli</td><td>Mann, Ehemann</td></tr>
<tr><td>oquich|hua
Ehemann-Besitzer</td><td>Ehefrau</td></tr>
<tr><td>teponaz|tli</td><td>Trommel</td></tr>
<tr><td>teponac|e
Trommel-Besitzer</td><td>Meistertrommler</td></tr>
<tr><td>tlanex|tli</td><td>Licht</td></tr>
<tr><td>tlanex|yotl
Licht-Essenz</td><td>Glanz</td></tr>
<tr><td>mexica|yotl
Mexicah-Essenz</td><td>Kultur der Mexicah</td></tr>
<tr><td>tlaxcal|li</td><td>Tortilla</td></tr>
<tr><td>tlaxcal|tzintli
Tortilla-☺</td><td>Tortilla</td></tr>
<tr><td>Motecuhzoma|tzin
Motecuhzoma-☺</td><td>ehrenwerter Motecuhzoma</td></tr>
<tr><td>cahauyo</td><td>Pferd</td></tr>
<tr><td>cahuayo|tontli
Pferd-☹</td><td>Klepper, Mähre</td></tr>
<tr><td>icelollin|tli</td><td>Auto</td></tr>
<tr><td>icelollin|zolli
Auto-Schaden</td><td>Klapperkiste, Rostbeule</td></tr>
</table>

Die Konzepte von Respekt und Disrespekt sind auf den ersten Blick etwas ungewöhnlich. Respekt wird nicht nur Menschen, sondern auch Gegenständen gezollt, wenn sie ihre Funktion erfüllen und den Menschen erfreuen. **Amöxtli** *bedeutet „Buch"; ein* **amöx|tzintli** *ist ein gut zu lesendes Buch, das vielleicht sogar billig war, während ein* **amöx|tontli** *mich als Leser überhaupt nicht angesprochen hat und eventuell sogar schlecht gebunden und/oder teuer war. Die Respektsilben werden Sie oft im Nahuatl begleiten!*

Wenn das Hauptwort auch in der Nennform keine Endung hat (also nicht auf **-in, -tli, -tl** *oder* **-li** *endet), wird auch nur* **-tzin** *bzw.* **-ton** *angehängt! Aus* **huehue** *(alter Mann) wird* **huehue|tzin** *und nicht „huehuetzintli"!*

Die Endungen **-tzintli** und **-tontli** werden zu **-tzin** und **-ton,** wenn das Hauptwort durch andere Vorsilben (z. B. eine besitzanzeigende Vorsilbe) bestimmt wird. Diese Bestimmung ersetzt die Vervollständigung des Hauptwortes durch die „normale" Hauptwortendung.

no|nan|tzin	**huehue|tzin**
mein-Mutter-☺	*alter·Mann-☺*
meine liebe Mutter	(verehrter) alter Mann

Mehrzahl

Prinzipiell gilt für die Hochsprache, dass die Mehrzahl nur für Lebewesen (Menschen, Tiere), Pflanzen, aber auch für die Dinge, die man sich personifiziert vorstellte (z. B. die Sterne) gebildet wird. Dabei gibt es verschiedene Möglichkeiten.

In der Regel wird die Einzahl-Endung des Hauptwortes durch die Mehrzahl-Endung ausgetauscht.

Einzahl-Endung	Mehrzahl-Endung
-tli, -li, -in	-tin
-tl	-meh
-e	-equeh
-hua	-huaqueh
-tzintli	-tzitzintin
-tzin	-tzitzin
-tontli	-totontin
-ton	-toton

tlaca|tl	**tlaca|meh**	**macehual|li**	**macehual|tin**
Mensch	*Mensch-MZ*	*Bauer*	*Bauer-MZ*
Mensch	Menschen	Bauer	Bauern

Für **-yotl** und **-zolli** gibt es keine Mehrzahlendungen, da diese Wörter keine Lebewesen bezeichnen können. **Tlaxcal|li** kann also „eine Tortilla", aber auch „mehrere Tortillas" bedeuten; entsprechendes gilt für **tlaxcal|tzintli** („verehrte Tortilla/s").

Des Weiteren gibt es noch einige andere Möglichkeiten der Mehrzahlbildung (die in der Hochsprache nicht frei wählbar sind):

Einige Hauptwörter auf **-tl** verlieren diese Endung zwar in der Mehrzahl, verdoppeln aber die erste Silbe.

tici|tl	Arzt, Heiler	**ti|tici**	Ärzte

Viele Wörter auf **-tl,** die Menschen bezeichnen (auch Berufe oder Nationalitäten), tauschen **-tl** in der Mehrzahl durch **-h** aus:

Mexica|tl	Mexikaner, auch: Angehöriger des Volkes der Mexicah
Mexica|h	Mexikaner (Mz), auch: Angehörige des Volkes der Mexicah

Manchmal wird die erste Silbe des Hauptwortes verdoppelt und außerdem die reguläre Mehrzahlendung angehängt:

citlal|in	Stern	**ci|citlal|tin**	Sterne

Um die Verwirrung komplett zu machen, halten sich auch viele Indígenas in ihren Dialekten nicht immer an die Regeln. So werden, dem spanischen Beispiel folgend, auch gerne „banale" Gegenstände in die Mehrzahl gesetzt, wobei die Regeln regional stark variieren. So kann die Mehrzahl von **cal|li** (Haus) **cal|tin,** aber auch **cal|meh** (Häuser) sein. Wem das nun alles zu viel wird, kann vor das Hauptwort in der Einzahl auch **miäc** bzw. **miäqueh** stellen – z. B. **miäc/miäqueh calli** (wörtlich: „viele Haus") – und wird auch verstanden werden.

Warum man die Tortilla so verehrt, möchten Sie wissen? Hinter **tlaxcalt|zintli** *liegt dieselbe Philosophie wie hinter* **amöxt|zintli** *(tolles Buch). Mancherorts feiert man noch das* **Etzalcualiztli**-*Fest, eine Art Erntedankfest, bei dem man denjenigen und den Gerätschaften dankt, die das Überleben sichern und die deshalb verehrungswürdig sind.*

Mein & Dein

Im Nahuatl gibt es keine eigenständigen besitzanzeigenden Fürwörter (Possessivpronomen), sondern stattdessen besitzanzeigende Vorsilben, die direkt vor das Hauptwort gehängt werden. Das Hauptwort kann in der Ein- oder Mehrzahl stehen.

In einigen Dialekten von Morelos (Zentrum) ist die Vorsilbe für „euer" nemo-.

no-	mein	**to-**	unser
mo-	dein	**amo-**	euer
i-	sein/ihre	**i-**	ihre

Tritt eine besitzanzeigende Vorsilbe vor das Hauptwort, verändert sich die Hauptwortendung: **-tli, -tin** und **-li** entfallen, und **-tl** wird zu **-uh:**

toch|tli	Kaninchen	**no|toch**	mein Kaninchen
cal|li	Haus	**i|cal**	sein/ihr Haus
naca|tl	Fleisch	**to|naca|uh**	unser Körper

Für die Funktionssilben gelten die gleichen Regeln: So wird **-tzintli** zu **-tzin,** aus **-tontli** wird **-ton,** aber auch **-yotl** wird zu **-youh.**

Noyöltzin *ist ein Kosewort für den Partner.*

yöl|li — Leben
no|yöl|tzin — mein verehrtes Leben

Für die Hochsprache gilt: Beginnt das Hauptwort mit einem Selbstlaut, so entfällt das **-o** der besitzanzeigenden Vorsilbe.

icniuh|tli — Freund
icniuh|tzin|tli — lieber Freund
n|icniuh|tzin — mein lieber Freund

In vielen Dialekten (darunter auch im Zentrum) ist es jedoch andersherum: Das **-o** der besitzanzeigenden Vorsilbe dominiert und der erste Selbstlaut des

Hauptwortes entfällt. In der Huasteca bleiben sogar beide Selbstlaute erhalten.

no|cniuh|tzin (Z)	mein verehrter Freund
no|icniuh|tzin (H)	mein verehrter Freund

Hier noch eine Besonderheit aus den Zentrumsdialekten: Setzt man die besitzanzeigenden Vorsilben mit dem Verhältniswort -huaxca („für", Hauptwort steht in der Einzahl) bzw. -huaxca|queh („für", Hauptwort steht in der Mehrzahl) zusammen, so erhält man „meins", „deins" etc.: In calli no|huaxca. (Z) („*das Haus mein-für*" = Dieses Haus ist meins.).

zusammengesetzte Hauptwörter

Treffen zwei Hauptwörter aufeinander, so ist die Reihenfolge stets wie im Deutschen (also der spanischen Reihenfolge entgegengesetzt). Das erste Hauptwort verliert dabei seine Einzahl-Hauptwortendung:

Im Nahuatl sind Bandwurmwörter wie „Donaudampfschifffahrtskapitänsmütze" durchaus möglich, werden aber meist nicht durch Hauptwörter allein umschrieben.

tepöz|tli	+	**öh|tli**	→	**tepöz-oh|tli**
Eisen		Weg		Eisenbahn
amöx|tli	+	**cal|li**	→	**amöx-cal|li**
Buch		Haus		Bibliothek
xöchi|tl	+	**mil|li**	→	**xöchi-mil|li**
Blume		Feld		Blumenfeld

Sind die Hauptwörter allerdings mit weiteren Silben/Endungen „beladen", wird vor das 2. Hauptwort die besitzanzeigende Vorsilbe **i-** (sein/ihr) vorangestellt. Die beiden Wörter werden dann nicht mehr zusammen geschrieben.

ocuil|tontli i|tetzahuayo
Wurm-☹ seine-Suppe
Nudelsuppe

tepetl i|tzonyo
Hügel seine-Spitze
die Spitze des Hügels

Verhältniswörter

Eine Deklination (Beugung) fehlt in vielen Indianersprachen, und Nahuatl macht da keine Ausnahme. Doch nicht zu früh freuen: In der Hochsprache gibt es eine Vielzahl von Nachsilben, die das Hauptwort näher bestimmen und die man dann am besten mit unseren Verhältniswörtern vergleichen kann. Die Übergänge zwischen den Bedeutungen der einzelnen Begriffe sind teilweise fließend und für Nicht-Muttersprachler nicht immer nachvollziehbar.

-pan	über (auch im übertragenden Sinne), auf, in (zeitl.), während, mit Hilfe von, durch, wegen, für **tepe|pan** (auf dem Hügel), **xo|pan** (im Frühling), **cal|pan** (zu Hause)
-(t)icpac	über(halb), auf, auf der Spitze von **cuauh|ticpac** (über dem Baum)
-(ti)tlan	zwischen, in, (zusammen) mit, unter, neben, nahe **aca|tlan** (zwischen dem Schilfrohr), **a|titlan** (neben dem Wasser), **quil|titlan** (inmitten der Pflanzen)
-(ti)tech	in, an, neben, von, bezüglich, zu **cal|tech** (am Haus)
-(t)ica	mit Hilfe von, durch, während **te|tica** (mit einem Stein) **omilhui|tica** (während zweier Tage, zwei Tage lang)
-nahuac	an (der Seite von), nahe, neben, zusammen mit **cuauh|nahuac** (neben dem Baum), **cal|nahuac** (nahe dem Haus)
-tzalan	zwischen, inmitten von **tepe|tzalan** (zwischen den Hügeln)
-nepantla	in der Mitte von, zwischen **yohual|nepantla** (in der Mitte der Nacht, Mitternacht)
-c, -co	in, auf, während **atoya|c** (auf dem Fluss), **ozto|c** (in der Höhle), **tlapan|co** (auf dem Dach)
-can	Platz von, Zeit von **A|cal|hua|can** (Platz der Kanubesitzer, *„Wasser-Haus-Besitzer-Platz“*)

-tla	Platz (oder Zeit) der Fülle **xōchi|tla** (Platz der vielen Blumen, Garten) **huehue|tla** (Zeit großen Alters, Greisenalter)
-teuh	wie, ähnlich wie **chalchiuh|teuh** (wie Jade)
-tenco	am Rande von **a|tenco** (am Rande des Wassers)
-tlamia	am Ende von **i|tlamia ōhtli** (am Ende des Weges)

Darüber hinaus lassen sich einige dieser Endungen kombinieren: Angehängtes **-pa(n)** bzw. **-copa** bedeutet eine Bewegung zum Sprecher hin oder vom Sprecher weg, z. B.:

tlalli	**tal|itic**	**tlal|itic|pa**
Erde	in der Erde	in die/aus der Erde

An Sprachennamen angehängt, bedeutet **-copa** auch „auf". **-tzin\|co** bzw. **-ton\|co** stellen die Verschmelzung der Respektpartikeln **-tzintli** und **-tontli** mit **-co** dar.

nahua|tlahtol|copa	**n|icelollin|tzin|co**
Nahuatl-Sprache-auf	*mein-Auto-☺-in*
auf Nahuatl	in meinem schönen Auto

Die Silben **-tlan** *und* **-tech** *haben jeweils eine zweite Form:* **-ti\|tlan** *und* **-ti\|tech.** *Dieses* **-ti-** *wird nach eigenem Gutdünken eingesetzt, um das Wort durch die zusätzliche Silbe etwas besser „aussprechbar" und „betonbar" zu machen.*

Erfahrene Mexiko-Reisende werden viele dieser Endungen wiedererkennen, da Namen von Ortschaften auf Nahuatl nach genau diesem Muster gestrickt sind, z. B.:

Xōchi|mil|co *Blume-Feld-in*	„Im Blumenfeld"
Coyo|hua|can *Kojote-Besitzer-Platz*	„Platz der Kojotenbesitzer"
Maza|tlan *Hirsch-zwischen*	„Zwischen den Hirschen"

Coyohuacan, *das heutige* **Coyoacán,** *ist ein Szene-Treff in der Hauptstadt México, D. F. („Distrito Federal"), s. a. Kap. „Geographische Namen".*

Obendrein werden auch Verhältniswörter aus dem Spanischen verwendet, vor allem de *(von) und* para *(für, nach).*

In vielen Dialekten werden diese Nachsilben nicht mehr an das Hauptwort, sondern an **i-** („sein/ihr“) gehängt, was dann als eigenständiges Wort vor dem betreffenden Hauptwort steht:

i|tlan in cuauhuitl (Z, H)
sein-zwischen der Baum
zwischen den Bäumen

Persönliche Fürwörter

Die persönlichen Fürwörter (Personalpronomen) seien kein Problem, meinen Sie? Doch das ist wieder einmal nur die halbe Wahrheit, da die persönlichen Fürwörter in zwei Formen vorliegen, und zwar einmal als eigenständige Wörter, aber auch als Vorsilben. Zunächst die für uns geläufigere Version als eigenständiges Wort:

ich	**nehhua|tl**	wir	**tehhuan|tin**
du	**tehhua|tl**	ihr	**anmehhuan|tin**
er/sie/es	**yehhua|tl**	sie (Mz)	**yehhuan|tin**

Nahuatl ist Ausdruck urmexikanischer Wertbegriffe, die sich bis heute gehalten haben. Bescheidenheit, Respekt und gute Manieren sind Tugenden, auf die Mestizos und Indígenas gleichermaßen achten. Das wird im Nahuatl auch durch die Sprache transportiert.

Alle persönlichen Fürwörter (bis auf **nehhuatl** „ich“) können mit der schon bekannten Endung **-tzin** (in der Mehrzahl **-tzitzin**), die Respekt ausdrückt, kombiniert werden; dabei entfällt in der Einzahl das **-tl,** in der Mehrzahl das **-tin.**

Mit der Partikel **-tzin** wird Wertschätzung, vor allem aber auch Nähe zum Ausdruck gebracht. Darin unterscheiden sich die aztekischen und deutschen Fürwörter, denn das deutsche „Sie“ betont die Distanz, und nicht unbedingt Wertschätzung. Somit ist die Respektpartikel **-tzin** nicht automatisch mit einem deutschen „Sie“ gleichzusetzen. Ähnlich verhält es sich mit **anmehhuantin** und **anmehuantzitzin.** Auch an die 3. Person („er, sie, es") kann ein **-tzin** bzw. **-tzitzin** angehängt werden, nicht aber an **nehhuatl.** Das widerspräche der Bescheidenheit des Sprechers.

Für die Vervollständigung der Satzaussage sind diese Fürwörter allerdings, anders als im Deutschen, nicht wirklich notwendig, es sei denn, man möchte die Person besonders hervorheben. Diese Vorgehensweise ist ähnlich wie im Spanischen.

In der Huasteca hört man für „ich", „du", „er/sie/es" na, ta *und* ya, *im Zentrum wird ein Stimmabsatz gesprochen:* ne'hua, te'hua *und* ye'hua. *In Morelos, das auch zum Zentrum gehört, ist „er/sie/es"* yaha *und „ihr"* nemehua. **Yehhuantin** *(sie) kann wie* ye'huan, ye'hual (Z), yehuan *oder* yehuande *(Peripherien) klingen. Im Osten des Nahuatl-Sprachgebietes hört man* tehemet *(wir) und vielerorts* nanmehuantin *(ihr).*

persönlichen Fürwörter & Verhältniswörter

Auch die persönlichen Fürwörter lassen sich „ausbauen". Dazu benötigt man die besitzanzeigenden Vorsilben (s. „Mein & Dein"). Dann sind den Kombinationsmöglichkeiten keinerlei Grenzen mehr gesetzt. Zusätzlich zu den Vorsilben für Hauptwörter gibt es folgende Nachsilben:

-pal	mit Hilfe von, durch	**no|pal** (durch mich)
-pampa	wegen	**to|pampa** (unseretwegen)
-tloc	(zusammen) mit, neben	**i|tloc** (neben ihm)
-huan	mit	**i|huan** (mit ihm)
-huic	Richtung: zu, von	**no|huic** (von mir/zu mir)
-icampa, -tepotzco	hinter	**m|icampa** (hinter dir)
-ixco, -ixpan, -ixtlan	auf, an, vor	**t|ixco** (vor uns)
-cuac	an der Spitze von, auf	**i|cuac** (auf ihm)
-icxitlan, -tzintlan	unter	**no|tzintlan** (unter mir)
-nohmatca	selbst	**mo|nohmatca** (du selbst)

Beginnt eine Silbe mit einem Selbstlaut, so entfällt der Selbstlaut der besitzanzeigenden Vorsilbe, z. B. bei **m|icampa** (hinter dir).

Soweit die Fürwörter als eigenständige Wörter; meist jedoch kommen „mir", „mich", „mein" etc. als Vorsilben vor, wie schon unter „Mein & Dein" beschrieben. Im folgenden Kapitel werden die persönlichen Fürwörter als Vorsilben behandelt.

Verben & Zeiten

Mit den Verben wird ein weiteres großes Kapitel der Nahuatl-Grammatik geöffnet, denn auch hier wird munter mit Vor- und Nachsilben hin- und herjongliert.

Regelmäßige Verben enden auf **-a, -i, -ia, -iä, -o** *oder* **-oa.** *Diese Form – im Folgenden auch als „Verbstamm" bezeichnet – entspricht der 3. Person Einzahl („er/sie/es ...").*

chihua	*(er-/sie-/es-)macht*	machen
itta	*(er-/sie-/es-)sieht*	sehen
miqui	*(er-/sie-/es-)stirbt*	sterben
palehuia	*(er-/sie-/es-)hilft*	helfen
piä	*(er-/sie-/es-)besitzt*	haben, besitzen
tleco	*(er-/sie-/es-)steigt*	steigen
ihtoa	*(er-/sie-/es-)spricht*	sprechen

Dabei wird auch hier eine „Alles-inklusive-Mentalität" gepflegt, denn Nahuatl-Verbformen beinhalten ...

- den Satzgegenstand (Subjekt) – *wer* führt die Handlung aus?
- meist eine Satzergänzung (Objekt) – *an wen* richtet sich der Vorgang?
- darüber hinaus oft auch eine *nähere Bestimmung* des Verbs.

Das Verb als „Mittelpunkt" dieses Geschehens besteht aus dem *Verbstamm*, der *Zeitstufe* und *weiteren Informationen* (Richtung, respektvolles Handeln etc.).

Gegenwart

Um die Gegenwart zu bilden, werden Personensilben vor den Verbstamm gehängt und in der Mehrzahl zusätzlich **-h** *angehängt.*

ni|cochi	*ich-schlafen*	ich schlafe
ti|cochi	*du-schlafen*	du schläfst
cochi	*(er-/sie-/es-)schlafen*	er/sie/schläft
ti|cochi|h	*wir-schlafen-MZ*	wir schlafen
an|cochi|h	*ihr-schlafen-MZ*	ihr schlaft
cochi|h	*schlafen-MZ*	sie schlafen

In der Huasteca wird das **-i-** in den Vorsilben meist durch -e- ersetzt, also eher ne|cochi als **ni|cochi.** Die 3. Person („er/sie/es" bzw. „sie, Mz") kommt ohne Vorsilbe aus.

In der Wörterliste sind alle Verben in der 3. Person Einzahl angegeben.

In der Wort-für-Wort-Übersetzung wird das Verb im Folgenden immer in der deutschen Grundform (Infinitiv) angegeben, auch wenn die Nahuatl-Grundform die 3. Person Einzahl ist.

zielende & nicht-zielende Verben

Im Nahuatl ist es nicht nur wichtig zu wissen, von wem eine Handlung ausgeht, sondern auch, ob und an wen sie gerichtet ist, weil dann dieser „Empfänger" (= ZIEL) direkt in das Verb miteinbezogen wird. Das kennen wir im Deutschen auch: „ich schlafe" ist nicht zielgerichtet, während „ich helfe dem Kind" sehr wohl ein Ziel hat, und zwar das „Kind". Im Deutschen wird dieses Ziel nach dem Verb genannt, im Nahuatl wird es direkt in das Verb eingebaut.

Nicht-zielende Verben sind in der Wörterliste mit einem Sternchen (*) markiert.

① Für die nicht-zielgerichteten Verben haben wir mit **cochi** (schlafen) schon ein Beispiel gesehen; die Vorsilben **ni-, ti-** und **an-** stehen hier für den Handelnden.
② Handelt es sich um zielgerichtete Tätigkeiten, wird dieses ZIEL zwischen die Personenvorsilbe (= Handelnder) und das Verb geschoben.

nicht-zielend*			
Handelnder	Ziel (im Verb)	Tätigkeit (Verb)	Ziel
① ich	-	schlafe	-
Nicht-zielende Verben haben kein „Ziel"!			
zielend			
Handelnder	Ziel (im Verb)	Tätigkeit (Verb)	Ziel
② ich	ZIEL	helfe	-
Das Ziel wird bei häufig wiederholten Handlungen in das Verb integriert. Wird das Ziel durch ein Fürwort repräsentiert, muss man unterscheiden, ob das Ziel der Handelnde selber ist oder jemand anders.			
③ ich	ANKER	helfe	ZIEL
Wenn das „Ziel" außerhalb des Verbs steht, braucht es im Verb einen Anker. Es wird unterschieden, ob das Ziel in der Einzahl oder in der Mehrzahl steht.			
④ ich	STELLVERTRETER	helfe	-
Soll das Ziel nicht explizit genannt werden, muss stattdessen ein Stellvertreter im Verb stehen. Es wird unterschieden, ob der Stellvertreter für einen Menschen oder für etwas anderes (Tier, Pflanze, Gegenstand) steht.			

Dieses Ziel kann z. B. ein Fürwort („ich helfe *ihm*, ich helfe *ihr*") oder das Hauptwort selber sein („ich helfe *dem Kind*").

Wenn dieses Ziel durch ein Fürwort beschrieben wird, ist es im Nahuatl wichtig, ob das Ziel jemand anderes als der Handelnde („ich sehe *ihn*") oder aber er selbst („ich sehe *mich*", rückbezüglich!) ist. Davon hängt nämlich ab, welche Silben verwendet werden müssen. Wir können diese Silben nur mit „mir/mich, dir/dich, ihn ..." übersetzen.

In einigen Regionen des Zentrums werden übrigens die Vorsilben **-no-** *und* **-to-** *durch* -mo- *ersetzt, so dass* -mo- *dort die alleinige rückbezügliche Silbe ist!*

	Ziel	
	jemand anderes	**rückbezüglich**
mir, mich	**-nech-**	**-no-**
dir, dich	**-mitz-**	**-mo-**
ihn, sie, es	**-qui-**, auch **-c-**	**-mo-**
uns	**-tech-**	**-to-**
euch	**-amech-**	**-mo-**
sie (Mz)	**-quin-**	**-mo-**

ni|mitz|itta
ich-dich-sehen
ich sehe dich

ti|nech|itta
du-mich-sehen
du siehst mich

ni|no|itta
ich-mich-sehen
ich sehe mich
(nicht **ni|nech|itta**)

ti|mo|itta
du-dich-sehen
du siehst dich
(nicht **ti|mitz|itta**)

ni|no|popolhuia/ni|mo|popolhuia (Z)
ich-mich-entschuldigen
ich entschuldige mich

Das Ziel kann aber auch durch ein Hauptwort repräsentiert werden; es wird dann eingeschoben, wenn die Tätigkeit für den „Handelnden" regelmäßig ist, z. B. „Tortillas backen" für die Hausfrau oder „Formulare ausfüllen" für den Beamten etc.

Ni|tlaxcal|chihua.
ich-Tortilla-machen
Ich mache Tortillas. (sagt die Hausfrau)

③ Ist das Ziel nicht mit einer so alltäglichen Handlung verbunden, wird es hinter das Verb gestellt. Dann benötigt es im Verb allerdings einen ANKER, und zwar das schon bekannte **-qui-** (Ez) bzw. **-quin-** (Mz), der auf das ZIEL hinweist:

Ni|qui|chihua in tlaxcalli.
ich-sie-machen die Tortilla
Ich mache Tortillas. (sagt der Beamte)

④ Hat eine Handlung zwar ein Ziel, aber will man es nicht nennen, so muss man im Nahuatl zumindest einen STELLVERTRETER einfügen, und zwar **-te-** für Menschen oder **-tla-** für alles andere.

ni|te|itta
ich-JEMAND-sehen
ich sehe jemanden

ni|tla|itta
ich-ETWAS-sehen
ich sehe etwas

Natürlich lassen sich diese Vorsilben beliebig kombinieren; in der Regel wird die Person zuerst genannt.

ni|mitz|tla|maca
ich-dir-ETWAS-geben
ich gebe dir etwas

ti|te|tla|maca
du-JEMAND-ETWAS-geben
du gibst jemandem etwas

ni|te|tlaxcal|maca
ich-JEMAND-Tortilla-geben
ich geben jemandem/den Leuten Tortillas

Diese nette Eigenheit des Nahuatls wird oft verwendet. Wir werden die Fürwörter-Vorsilben bei den höflichen Verbformen wiedertreffen.

Vergangenheit

Das Erlernen der Vergangenheitsformen aztekischer Verben ist eine „Fleißübung", da ihre Ableitungen keiner Logik folgen, die sich dem Anfänger auf den ersten Blick erschließt.

Es gibt zwei Vergangenheitsformen: eine Erzählvergangenheit, die am häufigsten benutzt wird und hier mit unserer einfachen Vergangenheit übersetzt wird („ich arbeitete"), und eine Vergangenheit für länger andauernde Handlungen, die in der Vergangenheit begonnen haben und in der Gegenwart abgeschlossen sein können (aber nicht müssen). Die zweite Vergangenheitsform wird hier mit dem deutschen Perfekt übersetzt („ich habe gearbeitet").

Einfacher zu bilden ist diese zweite Vergangenheitsform (abgekürzt „UV"). Hier wird die Silbe **-ya** (Ez) bzw. **-ya|h** (Mz) an das Verb angehängt. Bei Verben auf **-i** wird nur **-a** bzw. **-ah** angehängt.

ni|tlamaleoa|ya	*ich-schwimmen-UV*	ich bin geschwommen
ti|tlamaneloa|ya	*du-schwimmen-UV*	du bist geschwommen
tlamaneloa|ya	*schwimmen-UV*	er ist geschwommen
ti|tlamaneloa|ya|h	*wir-schwimmen-UV-MZ*	wir sind geschwommen
an|tlamaneloa|ya|h	*ihr-schwimmen-UV-MZ*	ihr seid geschwommen
tamaneloa|ya|h	*schwimmen-UV-MZ*	sie sind geschwommen

Bitte beachten Sie: Die Vergangenheitsstufen des Nahuatl decken sich nicht mit unserem Verständnis von Zeitstufen. Die Beschreibung mit dem Imperfekt und Perfekt ist nur ein Behelf.

ni|tequiti|a	**ti|tequiti|ah**
ich-arbeiten-UV	*wir-arbeiten-UV-MZ*
ich habe gearbeitet	wir haben gearbeitet

In einigen Regionen wird dem Verb außerdem noch die Vergangenheitssilbe o- vorangestellt: o|ni|chocaｌya, o|ni|tequiti|a.

Die Erzählvergangenheit (abgekürzt „V")ist etwas schwieriger zu bilden, da zusätzlich zu allen oben genannten Silben der Verbstamm etwas verändert wird. Dafür gibt es bis zu 11 unterschiedliche Regeln, die Sie jedoch nicht alle lernen sollen, da der Verbstamm der Vergangenheit in den Wörterlisten im Buchteil und im Anhang immer angegeben wird. Für den Hausgebrauch sei jedoch Folgendes gesagt:

Die meisten Verbstämme verlieren den letzten Selbstlaut: Aus **cochi** (schlafen, er/sie schläft) wird **o|coch** (er/sie schlief) aus **ihtoa** (sprechen, er/sie spricht) wird **o|ihto** (er/sie sprach). Dabei greifen in einigen Fällen Lautregeln:

In den Wörterlisten wird in eckigen Klammern jeweils immer nur der reine Verbstamm ohne **-o** *angegeben, z. B.* **caqui [cac].**

Verb endet auf ...	wird zu ... Ez/Mz	Beispiel
-qui	→ **-c/-queh**	**caqui** (hören) → **o|cac**
-ma/-mi	→ **-n/-nqueh**	**nemi** (leben) → **o|nen**
-hua/-hui	→ **-uh/-uhqueh**	**chihua** (machen) → **o|chiuh**

Einige Verbstämme verändern sich in der Erzählvergangenheit nicht und fügen nur **-c** bzw. **-queh** an, z. B.: **temo** (sinken) wird zu **o|temoc** (sank), **maca** (geben) wird zu **o|macac** (gab), **i** (trinken) wird zu **o|ic** (trank).

Einige Verbstämme ändern sich in der Vergangenheit überhaupt nicht, z. B. **zoma** (sich ärgern) bleibt in der Vergangenheit **o|zoma.** Gleiches gilt für **cua** (essen).

Hinweis: In der Wort-für-Wort-Übersetzung wird der Verbstamm der Vergangenheit gebeugt, auch wenn dieser im Nahuatl unverändert bleibt!

o|ni|coch	*V-ich-schlief*	ich schlief
o|ti|coch	*V-du-schliefst*	du schliefst
o|coch	*V-schlief*	er/sie/es schlief
o|ti|coch|queh	*V-wir-schliefen-MZ*	wir schliefen
o|an|coch|queh	*V-ihr-schlieft-MZ*	ihr schlieft
o|coch|queh	*V-schliefen-MZ*	sie schliefen

Selbstverständlich lassen sich auch alle anderen für Verben geeignete Silben einfügen:

o|ni|mitz|cacac	*V-ich-dich-hörte*	ich hörte dich
o|ti|te|cacac	*V-ich-JEMAND-hörte*	du hörtest jmd.
o|cuica|cacac	*V-Musik-hörte*	er hörte Musik
o|ti|quin|cacaqueh	*V-wir-sie-hörten*	wir hörten sie
o|an|tla|cacaqueh	*V-ihr-ETWAS-hörten*	ihr hörtet etwas
o|nech|cacaqueh	*V-mich-hörten*	sie hörten mich

Soweit die Hochsprache. In den Dialekten ist es etwas anders. In der Huasteca entfällt das **o-**, der Verbstamm bleibt in der Gegenwartsform und hängt ein -qui an (ni|cochi|qui „ich schlief"). Die peripheren Dialekte bilden zwar die Vergangenheit des Verbstammes, verzichten aber auch auf das **o-** (ni|coch „ich schlief"). Der Hochsprachen-Regelung am nächsten sind die zentralen Dialekte, da sie sowohl ein o- anfügen als auch eine Vergangenheitsform für die Verbstämme kennen. Allerdings enden alle Formen auf -e (Ez/Mz). Um zwischen der 3. Person Einzahl und Mehrzahl zu unterscheiden, ändert sich die Betonung: o|pátlan|e (er flog) und o|patlán|e (sie flogen).

Die Zukunftsform wird nicht nur für Handlungen, die in der Zukunft stattfinden, verwendet, sondern auch für Sätze, für die man im Deutschen die Modalverben „sollen, müssen" etc. verwendet.

Zukunft

Erfreulicherweise ist die Bildung der Zukunft sehr einfach. Man hängt ein **-z** bzw. ein **-z|queh** an die Gegenwartsform an. In der Wort-für-Wort-Übersetzung steht hierfür die Abkürzung „z" für „Zukunft".

ni|tla|cua|z	*ich-ETWAS-essen-Z*	ich werde essen
ti|tla|cua|z	*du-ETWAS-essen-Z*	du wirst essen
tla|cua|z	*ETWAS-essen-Z*	er/sie/es wird essen
ti|tla|cua|z|queh	*wir-ETWAS-essen-Z-MZ*	wir werden essen
an|tla|cua|z|queh	*ihr-ETWAS-essen-Z-MZ*	ihr werdet essen
tla|cua|z|queh	*ETWAS-essen-Z-MZ*	sie werden essen

Sollen, Müssen, Können, Dürfen & Mögen

Für die deutschen Modalverben „sollen, müssen, können, dürfen“ etc. gibt es im Nahuatl keine exakten Entsprechungen. Diese Aussagen konstruiert man hier anders. Allen gemeinsam ist, dass sie mit der Zukunftsform des Hauptverbs stehen.

müssen/sollen

Die Nachsilben **-z** bzw. **-z|queh,** die die Zukunft anzeigen, werden in der Hochsprache auch für indirekte Befehle benutzt, die man im Deutschen mit „müssen“ und „sollen“ formuliert. Ob nun die Zukunft oder ein indirekter Befehl gemeint ist, geht aus dem Zusammenhang hervor.

ni|tla|tlatlani|z
ich-ETWAS-fragen-Z
ich werde etwas fragen, ich muss/soll etwas fragen

ti|tla|machti|z
du-ETWAS-lernen-Z
du wirst etwas lernen, du musst/sollst etwas lernen

können/dürfen

„Können“ und „dürfen“ heißt in der Hochsprache **hueliti.** Sagt man z. B. „ich kann dir helfen“, kombiniert man zwei Verben miteinander, nämlich „können“ und „helfen“. Im Nahuatl ist so etwas natürlich auch möglich, und dabei wird das zweite Verb stets in der Zukunft gebraucht:

ni|hueliti ni|mitz|palehui|z
ich-können ich-dir-helfen-Z
ich kann dir helfen

mögen
Die höflichere Variante von **nequi** *ist* **nequizquia.**

Ni|c|nequi ni|qui|tla|cua|z chichiltic chilaquilli.
ich-ihn-wünschen ich-ihn-ETWAS-essen-Z chilifarben Chilaquiles
Ich möchte rote Chilaquiles essen.

In den Zentral-Dialekten gibt es ein paar Abweichungen:

Ni|c|nequizquia ni|tla|tlaxtlahuili|z.
ich-ihn-wollen·☺ ich-ETWAS-bezahlen-Z
Ich möchte zahlen.

sollen
cualia *wird nur in der Zukunft verwendet.*

ni|cuali|z ni|mitz|palehui|z (Z)
ich-sollen-Z ich-dir-helfen-Z
ich soll dir helfen (hier also doppelte Zukunft!)

können
cualtia *wird wie* cualia *verwendet.*

ni|cualti|z ni|mitz|palehui|z (Z)
ich-können-Z ich-dir-helfen-Z
ich kann dir helfen (auch hier doppelte Zukunft!)

müssen
Diese Konstruktion ist in in unseren Augen etwas umständlich: besitzanzeigende Vorsilbe + tech und monequi (notwendig), dann das Verb in der Zukunft.

no|tech monequi ni|mitz|palehui|z (Z)
mein-für notwendig ich-dir-helfen-Z
ich muss dir helfen

Auffordern & Befehlen

*Die Aufforderungspartikel **xi-** wird in der Wort-für-Wort-Übersetzung durch das Ausrufezeichen („!") wiedergegeben.*

Um die Befehlsform (Imperativ) zu bilden, wird dem Verbstamm ein **xi-** vorangestellt, in der Mehrzahl kommt **-can** hinzu. Dabei verlieren Verben auf **-ia** und **-oa** den letzten Selbstlaut, aus **palehuia** (helfen) wird also **xi|te|palehui** (hilf jemandem!). Auf die „Stellvertretersilbe" **-te-** kann auch hier nicht verzichtet werden. **Piä** (haben, besitzen), **chiä** (warten), **tlachiä** (beobachten) und **poa** (jemanden schätzen) sind Ausnahmen und bleiben unverändert.

¡Xi|tla|cua!	*!-ETWAS-essen*	Iss etwas!
¡Xi|tla|cua|can!	*!-ETWAS-essen-MZ*	Esst etwas!
¡Xi|tla|caqui!	*!-ETWAS-hören*	Hör zu!
¡Xi|tla|caqui|can!	*!-ETWAS-hören-MZ*	Hört zu!

Es empfiehlt sich, die Aufforderung zumindest mit **ma** zu beginnen. **Ma** und das noch höflichere **tla** – nicht zu verwechseln mit der Stellvertretersilbe, die für eine Satzergänzung in das Verb eingebaut wird – lassen sich schlecht übersetzen, sind aber mit dem deutschen „Bitte" vergleichbar:

Ein plattes **xi|tla|cua** *wäre etwas unhöflich, vor allem, wenn man bedenkt, dass die Mexikaner sehr auf Umgangsformen achten, auch wenn sie es sich nicht unbedingt anmerken lassen.*

¡Ma xi|nech|maca ce capuztli!
bitte !-mir-geben eins Kaffee
Gib mir bitte einen Kaffee!

¡Tla xi|nech|palehui!
bitte·☺ !-mir-helfen
Hilf mir bitte!

Geht es um ein Verbot, werden der Befehlsform **maca** oder (noch höflicher) **macahmo** vorangestellt:

¡Maca xi|tla|nanquili!
bitte·nicht !-ETWAS-antworten
Antworte (bitte) nicht!

¡Macahmo xi|tlahto!
bitte·nicht·☺ !-sprechen
Rede bitte nicht!

Setzt man die Partikeln **ma, tla, maca** und **macahmo** vor ein Verb, das in einer Zeitstufe steht (also nicht vor den reinen Verbstamm), erhält man weitere Aussagemöglichkeiten: Vor eine Verbform gesetzt, drücken sie einen Wunsch aus, den man im Deutschen am ehesten mit „sollen", eigentlich „etwas müssen" übersetzen könnte.

Ma ni|tequiti.
bitte ich-arbeite
Ich sollte (eigentlich) arbeiten.

Ma ti|nech|yacana.
bitte du-mich-führen
Du solltest mich führen. (oder:) Es wäre schön, wenn du mich führen würdest.

Auf Andere bezogen, kann man auf diese Weise Wünsche höflich und diskret äußern.

¡Maca quiahui|z möztla!
bitte·nicht regnen-Z morgen
Hoffentlich regnet es morgen nicht!

Eine Übersetzung mit „hoffentlich" ist ab und zu auch sinnvoll.

Das Passiv

Die Passivformen werden gebildet, indem **-lo** *(Ez) bzw.* **-lo|h** *(Mz) an den Verbstamm gehängt wird.*

Im Nahuatl wird das Passiv nur dann verwendet, wenn der Urheber der Handlung nicht genannt wird. Ein deutscher, passiv formulierter Satz, in der der Handelnde genannt wird, würde im Nahuatl stets aktiv formuliert werden!

ni|notza|lo	*ich-rufen-PASS.*	ich werde gerufen
ti|notza|lo	*du-rufen-PASS.*	du wirst gerufen
notza|lo	*rufen-PASS.*	er/sie wird gerufen
ti|notza|lo|h	*wir-rufen-PASS.-MZ*	wir werden gerufen
an|notza|lo|h	*ihr-rufen-PASS.-MZ*	ihr werdet gerufen
notza|lo|h	*rufen-PASS.-MZ*	sie werden gerufen

Dabei verlieren Verben auf **-ia** und **-oa** wieder einmal den letzten Selbstlaut (aus **te|palehuia** „jemandem helfen“ wird also **palehui|lo** „geholfen werden“) und Verben auf **-ca** oder **-qui** verlieren das **-l-** von **-lo**:

Ni|c|paca in icelollin.
ich-es-waschen das Auto
Ich wasche das Auto.

Pac|o in icelollin.
Waschen-PASS. das Auto
Das Auto wird gewaschen.

Alternativ lassen sich Verbformen auf **-lo** *auch mit „man“ übersetzen:*

ni|palehui|lo
ich-helfen-PASS.
mir wird geholfen, man hilft mir

Prinzipiell gibt es alle anderen Zeitstufen auch im Passiv; dabei steht **-lo-** *zwischen dem Verbstamm und der Zeitendung:*

Ni|notza|lo|ya.
ich-rufen-PASS.-UV
Ich bin gerufen worden.

O|ni|notza|lo|c.
V-ich-rief-PASS.-V
Ich wurde gerufen.

Ni|notza|lo|z.
ich-rufen-PASS.-Z
Ich werde gerufen werden.

Verben & Richtungen

Im Nahuatl können Verben auch Hinweise auf eine Richtung enthalten:

Eine Bewegung vom Sprecher weg in Gegenwart und Zukunft drückt die Silbe **-tihui** (Ez/Mz) aus. In der Vergangenheit wird daraus **-to** (Ez)/**-toh** (Mz), bei der Befehlsform **-ti** (Ez)/**-tih** (Mz).

Eine Bewegung zum Sprecher hin wird in Gegenwart und Vergangenheit durch **-co** (Ez)/**-coh** (Mz), in der Zukunft durch **-quiuh** (Ez)/**-quihui** (Mz) und in der Befehlsform durch **-qui** (Ez)/**-quih** (Mz) ausgedrückt.

Ni|cochi|tihui. *ich-schlafen-HIN*	Ich gehe schlafen.
Ni|palehui|co. *ich-helfen-HER*	Ich komme helfen.
¡Xi|pipia|ti|h! *!-ausschauen-HIN-MZ*	Geht Ausschau halten!

In diesem Zusammenhang lassen sich doppeldeutige Verhältniswörter wie **-pan** oder **-copa** besser deuten.

Ni|cohua|tihui tianquiz|pan.
ich-kaufen-HIN Markt-in
Ich gehe auf den Markt einkaufen.

Ni|cohua|co tianquiz|pan.
ich-kaufen-HER Markt-in
Ich komme vom Einkaufen auf dem Markt.

Verlaufsform

Die Verlaufsform bezeichnet Handlungen, die geschehen, während man spricht (z. B. „ich esse gerade", „ich bin am Essen"). Im Englischen hängt man ein „-ing" an („I am eating"), im Spanischen ein *-ando* oder *-iendo* (z. B. *estoy comiendo*).

In der Hochsprache des Nahuatl wird dafür die Silbe **-tica** (Ez) bzw. **-tica|teh** (Mz) an das Verb angehängt. In der Huasteca hört man anstelle von **-tica** die Endung -toc.

ni|tla|cua|tica *ich-ETWAS-essen-GERADE*	ich esse gerade
ti|tla|cua|tica|teh *wir-ETWAS-essen-GERADE-MZ*	wir essen gerade

Eine weitere Möglichkeit, eine momentan ablaufende Handlung zu beschreiben, ist die Kombination des Verbs mit **nemi** (leben), z. B. **te|ixcuepa|ti|nemi** (jmd. auf Dauer täuschen). Das **-ti-** ist auch hier reiner Beischmuck und hilft nur bei der Aussprache. Anders als bei **-tica,** wo es um momentane Handlungen geht, beschreibt **-ti|nemi** einen länger andauernden, gewohnheitsmäßigen Zustand.

Vergleichen Sie:

Ti|yōllopozoni|tica.
du-wütend·sein-GERADE
Du bist (jetzt gerade) wütend.

Ti|yōllopozoni|ti|nemi.
du-wütend·sein-(-)-leben
Du bist stets wütend, du bist ein Choleriker.

Höfliche Verbformen

Neben der höflichen Hauptwortendung **-tzintli** gibt es auch für Verben Silben, die Höflichkeit zum Ausdruck bringen. Aus Achtung, die man dem Gesprächspartner entgegenbringt, wird man im Dialog auf die obengenannten, „platten" Formen, wie **ti|tla|cua** (du isst etwas) oder **ti|cochi|z** (du wirst/sollst schlafen), eher zugunsten höflicherer Ausdrucksformen verzichten, vor allem gegenüber den Alten und Schwachen, aber auch gegenüber guten Freunden, bei ernsten Angelegenheiten und gegenüber Personen, die man für wirklich achtenswert hält.

ti|cochi
du-schlafen
du schläfst

ti|mo|cochi|tia (höflich)
du-dich-schlafen-MACHEN
„du veranlasst dich zu schlafen"

ti|nech|palehui
du-mir-hilfst
du hilfst mir

ti|nech|mo|palehui|lia (höflich)
du-mir-dir-helfen-BETREFFEN
„du tust etwas für dich, indem du mir hilfst"

ti|mo|tlali
du-dich-setzen
du setzt dich

ti|mo|tlali|tzinoa (höflich)
du-dich-setzen-☺
„mit Respekt setzt du dich"

Die höflichen Formen sind immer dann angebracht, wenn man besonderen Respekt und Wertschätzung ausdrücken will. Die Struktur dieser höflichen Formen wird klar, wenn man den dahinter stehenden Grundgedanken mitübersetzt.

Was fällt auf? Zunächst einmal kommt in allen Formen **-mo-** (du selbst) vor. Alle Verben, ob zielgerichtet oder nicht, ob auf sich selbst oder auf einen anderen bezogen, bekommen die rückbezügliche Silbe (s. S. 34). Dem Verb folgt eine der drei Endungen:

- **-tia** od. **-ltia** (Z: -hui) für nicht-zielende Verben,
- **-lia, -ilia** oder **-huia** (Z: auch -lfia, -hua) für zielende Verben, die sich an jemand anders richten, und
- **-tzinoa** für zielende Verben, die auf den Handelnden bezogen sind.

Höfliche Verbformen

Durch beide Endungstypen werden ursprünglich nicht-zielgerichtete Verben zielgerichtet, und zielgerichtete Verben bekommen ein zweites, indirektes Objekt (Satzergänzung).

Die ersten beiden Endungstypen gibt es auch in nicht-höflichem Zusammenhang: Mit **-tia** bzw. **-ltia** wird angedeutet, dass eine Handlung veranlasst wird. Das klingt schwieriger, als es ist.

tla|cua	**te|tla|cua|ltia**
ETWAS-essen	*JEMAND-ETWAS-essen-MACHEN*
etwas essen	jem. veranlassen, etw. zu essen; jem. dazu bringen, etw. zu essen

Die Endungen **-lia, -ilia** *und* **-huia** *drücken aus, dass jemand im weitesten Sinne von einer Handlung betroffen ist, sowohl im positiven als auch im negativen Sinne.*

tla|cua	**te|tla|cua|lia**
ETWAS-essen	*JEMAND-ETWAS-essen-BETREFFEN*
etwas essen	jemandem etwas wegessen
tequiti	**te|tequiti|lia**
arbeiten	*JEMAND-arbeiten-BETREFFEN*
arbeiten	für jemanden arbeiten

Einige Verben haben eine separate, höfliche Form, die man nicht selber bilden kann, sondern einfach lernen muss.

höfliche Varianten einiger Verben

Grundform	höflich	Deutsch
ahci	**ahxiltia**	ankommen
cehui	**cehuitzinoa**	ausruhen
altia	**altitzinoa**	baden
huica	**huiquilia**	begleiten
tlazohcamati	**tlazohcamachililia**	danken
calaqui	**calaquia**	eintreten
ciahui	**ciahuitzinoa**	ermüden
cua	**cualtia**	essen
maca	**maquilia**	geben
ca	**metzta**	sein
mani	**manitica**	sich befinden
miqui	**miquilia, miquiltia**	sterben
i	**ilia**	trinken
axixa	**axixaltia**	urinieren
ahcicamati	**ahcicamachililia**	verstehen
mati	**machiltia, machitia**	wissen
nequi	**nequizquia**	wollen

So „hergerichtet" gelten die Verben als eine Einheit, die auf **-ia** oder **-oa** endet und normal gebeugt wird.

O|ti|mo|qui|cohua|li ce tanantli.
v-du-dich-sie-kauftest-BETREFFEN eins Tasche
Du hast dir eine Tasche gekauft.

Es gibt übrigens auch eine „beleidigende" Variante der Verben, bei der die Verbform in der Vergangenheit mit **-poloa** kombiniert wird. Auch diese Formen werden wie Verben auf **-oa** behandelt:

¡O|ti|c|tlapan|polo in caxitl!
v-du-ihn-kaputtmachtest-☹ der Teller
Du Tollpatsch hast den Teller zerbrochen!

Übrigens ist die Reihenfolge der Zielsilben (**-qui-** etc., s. S. 34) und der rückbezüglichen Silbe (**-mo-** o. ä.) regional verschieden: ti|qui|mo|machilia oder ti|mo|qui|machilia („du weißt es"), beides kommt vor.

Der Gebrauch der höflichen Formen schwankt regional; einige legen darauf mehr Wert als andere. Obendrein gelten in einigen Regionen, z. B. in Teilen Morelos, andere Regeln zur Bildung von Höflichskeitsformen. Als Traveller ist man mit der höflichen Variante auf jeden Fall auf der sicheren Seite, da es von guter Erziehung und Bildung zeugt.

Sein, Haben & Kommen

Im Nahuatl gibt es kaum unregelmäßige Verben. Darunter sind für den Reisenden allerdings nur zwei wirklich wichtig: **ca** (sein) und **huallauh** (kommen). Das Verb **piä** (haben) ist regelmäßig!

Im Nahuatl braucht man nicht unbedingt das Verb **ca** (sein), wenn man dies im Deutschen braucht. Am einfachsten ist es, die Personenvorsilbe mit dem entsprechenden Hauptwort oder Eigenschaftswort zu kombinieren:

Ti|pitzahuac.
du-schlank
Du bist schlank.

Ti|momachtiani|meh.
wir-Student-MZ
Wir sind Studenten.

Ni|ticitl.
ich-Arzt
Ich bin Arzt.

Teopix|queh.
Priester-MZ
Sie (Mz) sind Priester.

Das Spielchen lässt sich selbstverständlich noch weiter treiben:

Cual|tin.
gut-MZ
Sie (Mz) sind gut.

Ni|nehhuatl!
ich-ich
Ich bin's!

		ca (sein)		huallauh (kommen)	
Zeitstufe	**Person**	**Einzahl**	**Mehrzahl**	**Einzahl**	**Mehrzahl**
Gegenwart	1.	**ni|ca**	**ti|ca|teh**	**ni|huallauh**	**ti|hualhui**
	2.	**ti|ca**	**an|ca|teh**	**ti|huallauh**	**an|hualhui**
	3.	**ca**	**ca|teh**	**huallauh**	**hualhui**
Vergangen-heit	1.	**o|ni|catca**	**o|ti|catca|h**	**o|ni|hualla**	**o|ti|hualla|queh**
	2.	**o|ti|catca**	**o|an|catca|h**	**o|ti|hualla**	**o|an|hualla|queh**
	3.	**o|catca**	**o|catca|h**	**o|hualla**	**o|hualla|queh**
Zukunft	1.	**ni|yez**	**ti|yez|queh**	**ni|hualla|z**	**ti|hualla|zqueh**
	2.	**ti|yez**	**an|yez|queh**	**ti|hualla|z**	**an|hualla|zqueh**
	3.	**yez**	**yez|queh**	**hualla|z**	**hualla|zqueh**
Befehlsform	3.	**xie**	**xie|can**	**xi|huallauh**	**xi|hualhuian**

In den Dialekten schwankt die Form „er/sie/es ist" regional beträchtlich; Im Zentrum kann man auch schon mal catqui, nemi (leben, existieren) oder ompaca oder önca (dort) hören, in der Peripherie auch yetoc. Vor allem in der Huasteca wird übrigens unterschieden, ob sich „er/sie/es ist" auf ein Lebewesen (eltoc, inamin) oder auf einen Gegenstand (iztoc, yelohuac) bezieht.

Eltoc ticitl. (H)
ist Arzt
Er ist ein Arzt.

Iztoc tlaxcalli. (H)
ist Tortilla
Es ist eine Tortilla.

Aus Verben werden Hauptwörter

Eine praktische Silbe ist **-ni,** die das Verb zum Hauptwort macht. Dabei bezeichnet **-ni** denjenigen, der die angesprochene Tätigkeit ausführt, also den „Macher“.

-ni – der „Macher“

te|pahtia *JEMAND-heilen* (jmd.) heilen/behandeln	**te|pahtia|ni** *JEMAND-heilen-MACHER* Heiler, Arzt
tequi *arbeiten* arbeiten	**tequi|ni** *arbeiten-MACHER* Arbeiter
te|tla|maca *JEMAND-ETWAS-geben* (jmd. etw.) geben	**te|tla|maca|ni** *JEM.-ETW.-geben-MACHER* Kellner

der Gegenstand, womit etwas gemacht wird

Kombinationsfreudig wie das Aztekische nun mal ist, kommt bei der Kombination Verbstamm + Passivsilbe **lo** + „Macher“-Silbe **ni** der Gegenstand heraus, mit dem etwas gemacht wird, z. B.:

tla|cohua|lo|ni *ETWAS-zahlen-PASS.-MACHER* Geld („womit man bezahlt“)	**tla|cuilo|lo|ni** *ETWAS-malen-PASS.-MACHER* Stift („womit man schreibt“)

abstrakte Begriffe

Abstrakte Begriffe lassen sich aus Verben bilden, indem man **-liz\|tli** an einen Verbstamm anfügt. Zusammen mit den besitzanzeigenden Vorsilben („mein/dein/sein“ etc.) entfällt das **-tli.**

tlazohtla lieben	**tlazohtla|liz|tli** das Lieben, die Liebe	**mo|tlazohtla|liz** deine Liebe

Eigenschaftswörter

Eigenschaftswörter (Adjektive) bestimmen ein Hauptwort näher, z. B. „das *große* Haus“, „die *schöne* Frau“. Da es kein grammatikalisches Geschlecht gibt, können aztekische Eigenschaftswörter (neben ihrer Einzahlform) nur Mehrzahlendungen haben, jedoch auch nur dann, wenn das zugehörige Hauptwort auch in der Mehrzahl steht!

Die Eigenschaftswörter können vor oder nach dem Hauptwort stehen, ohne dass sich der Sinn ändert.

in cualli conetl
das gut Kind
das liebe Kind

in conetl cualli
das Kind gut
das liebe Kind

Wenn man im Deutschen das Verb „sein“ braucht, kombiniert man im Nahuatl oft nur den Handelnden, der durch ein persönliches Fürwort oder ein Hauptwort repräsentiert sein kann, direkt mit dem Eigenschaftswort. Ein Verb braucht man dann nicht (s. Kap. „Sein, Haben, Kommen, S. 47).

Ti|quetzaltic.
du-schön
Du bist schön.

Catzahuac.
schmutzig
Er/sie/es ist schmutzig.

Aztekische Eigenschaftswörter können unterschiedlichen Ursprungs sein. Danach richtet sich ihre Grundbedeutung und ihre Struktur.

Von den so genannten „echten“ Eigenschaftswörtern, wie **cualli** (gut), **huey** (groß) oder **miäc** (viel) gibt es zwar nur einige wenige, allerdings oft verwendete. Die Mehrzahl wird gebildet, indem die erste Silbe verdoppelt wird und/oder ein **-tin** (bisweilen auch **-queh**) angehängt wird:

Einzahl	Mehrzahl
cualli (gut)	**cual|tin, cua|cual|tin**
huey (groß)	**hue|huey, hue|huey|tin**
miäc (viel)	**miäc|tin, miäc|queh**
möchi (Z, H: nochi) (alle)	**möch|tin** (Z, H: nochin)

Die von Hauptwörtern oder Verben abstammenden Eigenschaftswörter haben in der Ein- und Mehrzahl unterschiedliche Endungen:

Ez-Endung	Mz-Endung	Beispiel
-yo	**-yo|meh**	**izta|yo** (salzig)
-zo	**-zo|meh**	**mahuiz|zo** (ruhmreich)
-lo	**-lo|meh**	**tlal|lo** (voller Erde)
-c	**-queh**	**chipahua|c** (sauber)
-tic	**-tiqueh**	**pitzac|tic** (dünn)
-qui	**-queh**	**malin|qui** (verdreht)
-li	**-li**	**tlaquenti|li** (angekleidet)
-tli	**-tli**	**tlatlapant|tli** (kaputt)
-ni	**-ni|meh**	**cualo|ni** (essbar)

in tetzahuayotl iztayo
die Suppe salzig
die salzige Suppe / Die Suppe ist salzig.

Steigern & Vergleichen

Eigenschaftswörter lassen sich im Nahuatl steigern. Die 1. Steigerungsstufe (Komparativ), z. B. „größer, schöner, besser" wird durch vorangestelltes **achi** (mehr) oder **oc achi** (noch mehr) gebildet:

1. Steigerungsstufe

achi huey
mehr groß
größer

achi iztayo
mehr salzig
salziger

Im Nahuatl gibt es zahlreiche Alternativen, um Eigenschaftswörter zu steigern. So kann man dem Eigenschaftswort auch die Wörter der nebenstehenden Liste voranstellen.

cenca	*sehr*
oc yëh	*noch schon*
oc cenca yëh	*noch viel schon*
quen oc yëh	*wie noch schon*
huël (oc) achi	*viel (noch) mehr*

Letztere Konstruktion kann man auch verwenden, wenn man nicht direkt vergleichen möchte:

Huël achi chipahuac in mo|tlacuipil.
sehr mehr sauber das dein-Hemd
Dein Hemd ist sauberer.

Vergleichssätze Vergleichssätze lassen sich formulieren mit:

ahmo	*nicht*
ahmo yuhqui	*nicht so*
ahmo mach yuhqui	*nicht anscheinend so*

(Oc) achi ni|huey in ahmo yuhqui tehhuatl.
(noch) mehr ich-groß der nicht so du
Ich bin größer als du.

2. Steigerungsstufe Für die 2. Steigerungsstufe (Superlativ) gibt es ebenfalls mehrere Möglichkeiten. Die folgenden Wörter werden dem Eigenschaftswort in der Regel vorangestellt:

cen	*ganz*
cenca huël	*sehr sehr*
ca cenca huël	*sein sehr sehr*
maci inic	*komplett damit*
tlacempanahuia inic	*übertroffen damit*
cemacica-...	*vollständig-...*

cenca huël chicahuac
viel wahr stark
am stärksten

cemacica|cualli
vollständig-gut
am besten

Maci inic cococ in mo|chilmöl.
komplett damit scharf die dein-Salsa
In mo|chilmöl maci inic cococ.
die dein-Salsa komplett damit scharf
Deine Salsa ist am schärfsten.

Umstandswörter

Soll ein Verb näher beschrieben werden, z. B. „er rennt *schnell*, sie arbeitet *zügig*", so braucht man auch im Nahuatl ein Umstandswort (Adverb). Nahuatl ist reich an diesen Umstandwörtern, und sie lassen sich „für den Hausgebrauch" in zwei Haupttypen aufteilen:

Umstandswörter aus Haupt- und Eigenschaftswörtern

Umstandwörter können aus Hauptwörtern, die auf **-liztli** enden, gebildet werden, aber auch aus Eigenschaftswörtern, die auf **-c** oder **-qui** enden. Dabei gehen wieder einmal die Endungen verloren (von der Endung **-liztli** jedoch nur **-tli**) und werden durch **-tica** bzw. **-ca** ersetzt, was so viel wie „mit" bedeutet.

pacayeliz|tli *Freude* Freude	**pacayeliz|tica** *Freude-mit* freudigerweise
ixtomahua|c *dumm* dumm	**ixtomahua|ca** *dumm-mit* dummerweise

Übrigens bedeutet **pacayeliz|tica** *auch „Prost"!*

ursprüngliche Umstandwörter

Zum zweiten Haupttyp gehören Umstandswörter, die ohne die Endungen **-tica** bzw. **-ca** auskommen. Von ihrer großen Anzahl einmal abgesehen, unterscheiden sie sich in ihrer Bedeutung z. T. nur minimal voneinander.

yuhqui	so, dergestalt
huël	gut, sehr, intensiv, genau
cen	vollständig
cenca	sehr, viel (Z: auch lalibiz, H: tequin, molhui)
matca, yölic	ruhig, langsam, nach und nach, dezent, zivilisiert, ordentlich
nelli, nel	wirklich
achi	wenig, fast, etwas

Zu den „echten" Umstandswörtern gehören natürlich auch die Umstandsbestimmungen der Zeit und des Raumes, die hier aber nicht betrachtet werden sollen.

Bindewörter

Bindewörter (Konjunktionen) verbinden gleichgeordnete Satzteile, zwei Hauptsätze oder Haupt- und Nebensatz miteinander.

ihuan (H: huan) *(sein-mit)*	und
no, noihuan – ahmono	auch – auch nicht
ahnozo	oder
auh, yeceh, tel (H: *pero*)	aber, allerdings
intla – intlaca	wenn – wenn nicht
intlanel	obwohl
ipampa, yehica *sein-wegen*	weil
ca	übrigens, denn, weil
ic, inic (H: ca'zo)	deswegen, damit, weil
zan	nur, sondern
centlapal ... (no/oc) centlapal	einerseits ... andererseits
at ... at	entweder ... oder
in ic, in iquin	als (zeitlich)
ihcuac	dann, als, wenn

Das deutsche Bindewort „dass" wird im Nahuatl mit **in** (der/die/das) ausgedrückt.

Ni|paqui in ti|c|nequi ti|nech|palehui|z.
ich-sich·freuen der du-ihn-wollen du-mir-helfen-z
Ich freue mich, dass du mir helfen willst.

Relativ-Konstruktionen werden, wenn sich das relative Fürwort auf Menschen bezieht, mit **aquin** (wer) und in allen anderen Fällen mit **tlein** (was) gebildet.

in cihuatl aquin tla|namaca tianquiz|pan
die Frau wer ETWAS-verkaufen Markt-auf
die Frau, die (welche) auf dem Markt verkauft

Fragen & Fragewörter

Wie im Deutschen unterscheidet man auch im Nahuatl Fragen mit Fragewörtern und Entscheidungsfragen, die man nur mit Ja oder Nein beantworten kann (z. B. „Kommst du morgen?“).

Fragewörter

¿aquin?, ¿ac?	wer? (Ez)
¿aquiquin?	wer? (Mz)
¿cahtle?	welcher?
¿quen?, ¿quenin?	wie?
¿tlein?, ¿tle, tlei, tlen?	was?
¿campa?, ¿canin?	wo?
¿queman?, ¿iquin? (Z: quienman)	wann?
¿quexqui? (Z: quexquich)	wie viel?
¿tle i|pampa? (Z: tleca) *was sein-wegen*	warum?

¿Aquin notza?
wer rufen
Wer spricht da?
(am Telefon)

¿Tlein ca inin?
was sein dieser
Was ist das?

¿Queman quiza|z in ilhuitl?
wann herauskommen-z die Fiesta
Wann beginnt die Fiesta?

Entscheidungsfragen

Entscheidungsfragen können ganz einfach gebildet werden, indem man den entsprechenden Aussagesatz wie eine Frage ausspricht, also am Satzende mit dem Ton noch oben geht. Man braucht nicht einmal die Wörter umzustellen:

Ti|tech|palehuia.	**¿Ti|tech|palehuia?**	**Quemah.**	**Ahmo.**
du-uns-helfen	*du-uns-helfen*	Ja.	Nein.
Du hilfst uns.	Hilfst du uns?		

Hegt man Zweifel, kann man die Frage mit **¿cuix?** *(etwa: „ob wirklich?“;* H: ¿cox?*) einleiten.*

¿Cuix ti|c|mati ti|tlahto|z nahua|tlahtol|copa?
ob du-ihn-wissen du-sprechen-z Nahuatl-Sprache-auf
Kannst du (wirklich) Nahuatl sprechen?

Verneinung

In einigen Gebieten des Zentrums, vor allem in Morelos, wird ein x- *vor das Verb gesetzt, um eine Verneinung auszudrücken. Dort wird auch* **ahmo** *durch* ca *ersetzt. Auf den Gebrauch von* **maca** *und* **macahmo** *zum Verneinen von Befehlen ist schon eingegangen worden. Im Zentrum wird auch mal* macahmo *anstelle von* **ahmo** *verwendet.*

Verben und Eigenschaftswörter verneint man mit vorangestelltem **ahmo** (nein, nicht). „Nichts“ heißt **ahtle** (null).

Ahmo ni|c|nequi ni|tla|cua|z.
nicht ich-ihn-wollen ich-ETWAS-essen-z
Ich möchte nicht essen.

Inin ahmo ca mo|tlacohualoni.
dieser nicht sein dein-Geld
Das ist nicht dein Geld.

cualli	gut	**ahmo cualli**	schlecht

¿Tlein pano?	**Ahtle pano.**
was passieren	*null passieren*
Was ist los?	Nichts.

Die verneinende Vorsilbe **a-** passt für viele Wortarten. Aber nicht alle Wörter, die mit **a-** beginnen, tragen das **ahmo** in sich; **a-** kann auch von **a|tl** (Wasser) kommen, z. B. **a|calli** (*Wasser-Haus*) „Kanu, Schiff“.

a|miquiliztli	*nicht-Sterblichkeit*	Unsterblichkeit
a|yëh	*nicht-schon*	noch nicht

Zahlen & Zählen

Man würde sich wünschen, dass zumindest die Zahlen ohne größere Kombinatorik beherrschbar sind. Nun bestechen aztekische Zahlen durch ihren logischen Aufbau, selbst im sonst so heiklen Bereich von 10 bis 13, wo viele indoeuropäische Sprachen „durchhängen". Aber leider zählen die Nahua in 20er-Schritten, und nicht in 10er-Schritten, wie wir es vom Deutschen her gewöhnt sind.

Die Endung **-huan** *(mit) ist schon bekannt und kann hier mit „und" oder „plus" übersetzt werden;* **-huan** *ist wahrscheinlich früher auch bei den Zahlen 6 bis 9 hörbar gewesen (z. B.* chic|huan yei, *heute* **chicueyi***), aber mittlerweile so miteinander verschmolzen, dass die einzelnen Silben kaum wiederzuerkennen sind.*

0 ahtle	**10 matlactli**	
1 ce	**11 matlactli|huan ce**	*zehn-und eins*
2 ome	**12 matlactli|huan ome**	*zehn-und zwei*
3 yei	**13 matlactli|huan yei**	*zehn-und drei*
4 nahui	**14 matlactli|huan nahui**	*zehn-und vier*
5 macuilli	**15 caxtölli**	*fünfzehn*
6 chicuace	**16 caxtölli|huan ce**	*fünfzehn-u. eins*
7 chicome	**17 caxtölli|huan ome**	*fünfzehn-u. zwei*
8 chicuyei	**18 caxtölli|huan yei**	*fünfzehn-u. drei*
9 chicnahui	**19 caxtölli|huan nahui**	*fünfzehn-u. vier*

Cem|pohualli bedeutet so viel wie „eine (komplette) Zählung", quasi ein 20er. Danach geht es ganz regelmäßig weiter:

20 cem|pohualli	**30 cem|pohualli|huan matlactli**
21 cem|pohualli|huan ce *eins-Zählung-und eins*	**31 cem|pohualli|huan matlactli|huan ce** *eins-Zählung-und zehn-und eins*
22 cem|pohualli|huan ome	**32 cem|pohualli|huan matlactli|huan ome**
23 cem|pohualli|huan yei	**33 cem|pohualli|huan matlactli|huan yei**
24 cem|pohualli|huan nahui	**34 cem|pohualli|huan matlactli|huan nahui**
25 cem|pohualli|huan macuilli	**35 cem|pohualli|huan caxtölli**
26 cem|pohualli|huan chicuace	**36 cem|pohualli|huan caxtölli|huan ce**
27 cem|pohualli|huan chicome	**37 cem|pohualli|huan caxtölli|huan ome**
28 cem|pohualli|huan chicueyi	**38 cem|pohualli|huan caxtölli|huan yei**
29 cem|pohualli|huan chicnahui	**39 cem|pohualli|huan caxtölli|huan nahui**

Om|pohualli *bedeutet „zwei Zählungen". Und so geht es weiter ...*

40	**om|pohualli**	*zwei-Zählung*
50	**om|pohualli|huan matlactli**	*zwei-Zählung-u. zehn*
60	**ei|pohualli**	*drei-Zählung*
70	**ei|pohualli|huan matlactli**	*drei-Zählung-u. zehn*
80	**nauh|pohualli**	*vier-Zählung*
90	**nauh|pohualli|huan matlactli**	*vier-Zählung-u. zehn*
100	**macuil|pohualli**	*fünf-Zählung*
200	**matlac|pohualli**	*zehn-Zählung*
300	**caxtöl|pohualli**	*fünzehn-Zählung*

In diesem 20er-Zählschema geht es dann weiter bis 399. Die nächsthöhere Einheit nach 400 ist: 20 x 400er = 8000.

caxtölli|huan nauh|pohualli|huan caxtölli|huan nauh
fünfzehn-und vier-Zählung-und fünfzehn-und vier
(15+4) x 20 + 19 = 399

400	**cen|tzontli**	*eins-vierhundert*
8000	**cen|xiquipilli**	*eins-achttausend*

Aber keine Angst, die exorbitanten Peso-Summen, die sich meist in den Tausendern bewegen, müssen nicht mühselig umgerechnet werden; für alles, was einen mehr oder minder überschaubaren Rahmen überschreitet, werden spanische Zahlen oder eine Kombination aus beiden verwendet:

ome *ciento*	**ce** *mil*	**caxtölli** *mil*
zwei hundert	*eins tausend*	*fünzehn tausend*
200	1000	15.000

Ordnungszahlen

Ordnungszahlen werden gebildet, indem man **ic** (damit) vor die Zahl setzt (in den Zentrumsdialekten wird ipan anstelle von **ic** verwendet).

ic ce	**ic caxtölli|huan ome**
damit eins	*damit fünfzehn-und zwei*
der erste	der 17.

Auch Zahlen lassen sich mit einigen Silben kombinieren, z. B. mit **-pa**. Mit nur einer Zahl bedeutet das Wort „...mal“, mit zwei Zahlen lassen sich Brüche darstellen:

Im Zentrum wird für ein- bis dreimal zapa, opa *und* ixpa *anstelle von* **ce|pa, om|pa** *und* **yei|pa** *verwendet.*

chicuace|pa
fünf-Mal
fünfmal

yei|chicueyi|pa
drei-acht-Mal
drei Achtel

Sicherlich kann man ½ und ¼ korrekt als **ce|om|pa** bzw. **ce|nahui|pa** ausdrücken; meistens hört man allerdings **tlacoh** (Hälfte) und **chico** (Viertel).

Zeit & Datum

In der Praxis kann dem Traveller gerade in diesem Bereich sehr viel Kauderwelsch in Form von Españahuatl bzw. Nahuañol über den Weg laufen. Begriffe für Zeiteinheiten, (gregorianischen) Kalender, Maße und Gewichte werden oft auf Spanisch gehandhabt. Selbstverständlich gibt es auch Entsprechungen auf Nahuatl.

Uhrzeit

¿Tlein cahuitl ti|ca|teh? (Z: ¿Tlein imanin axan?)
was Zeit wir-sein-MZ
Wie spät ist es?

Cahci maciulli.
pünktlich fünf
Genau 5 Uhr.

Yei oc cem|pohualli.
drei noch eins-Zählung
Es ist 3 Uhr 20.

Ce oc tlacoh.
eins noch Hälfte
Es ist halb zwei.

Chicuace achto matlactli.
sechs vor zehn
Es ist zehn vor 6.

Nahui achto chico.
vier vor Viertel
(Es ist) Viertel vor 4.

Nahui oc tlacoh.
vier noch Viertel
(Es ist) Viertel nach 4.

imanin	**manian**	**ontetl**
Stunde	Minute	Sekunde

Bis zur halben Stunde sagt man **oc** (übrigens auch **oc tlacoh** *„noch Hälfte"*), und bis zur nächsten Stunde **achto.** Um bei Verabredungen sicherzugehen, kann man der Zeitangabe ein **icipa** (Vormittag) bzw. **teotlac** (Nachmittag) beifügen. Man kann eine Zeitangabe auch mit dem Wörtchen **yëh** (schon) einleiten.

Ti|to|itta|z|queh i|pan macuilli icipa.
wir-uns-sehen-Z-MZ sein-auf fünf vor·Mittag
Wir sehen uns um 5 Uhr morgens.

Yëh calaqui in tonatiuh.
schon versinken die Sonne
Die Sonne geht schon unter.

¡Xi|qu|itta ca yëh tlahcah!
!-ihn-sehen sein schon tagsüber
Schau, wie spät es schon ist!

¡X|ihcihui|can ca huël yëh tlahcah!
!-beeilen-MZ sein sehr schon tagsüber
Beeilt euch, es ist schon spät!

aztekischer Kalender Das aztekische Kalendersystem, der **tonalpohualli,** umfasste 365 ¼ Tage und war daher genauer als unser heutiger Kalender (weil wir diesen Vierteltag nicht miteinbeziehen, haben wir alle vier Jahre ein Schaltjahr). Es bestand aus 18 Monaten à 20 Tagen + zusätzlichen 5 ¼ Tagen. Somit konnte ein **cem|ilhuitl** (Tag, *„vollständig-Tag"*) um Mitternacht (**yohual|nepantla**), im Morgengrauen (**tlathui|nahuac**), mittags (**nepantlah|tic**) oder zum Einbruch der Dunkelheit (**yohual|tica**) beginnen. „Tag" heißt übrigens auch **tonalli,** was ursprünglich „Sonnenwärme" bedeutete und mittlerweile für „Sonne" steht.

Woche & Wochentage

chicon|tonal|pan *sieben-Sonne-auf*	Woche
metztlitonal	Montag
huitzilopochtonal	Dienstag
yacatlipotonal	Mittwoch
tezcatlipotonal	Donnerstag
quetzalcoatonal	Freitag
tlaloctitonal	Sonnabend
tonatiuhtonal	Sonntag

Jahr & Monate

Heutzutage kennen sich nur noch wenige mit der Interpretation des **tonalpohualli** *aus; für Datumsangaben wird der gregorianische Kalender herangezogen, entweder auf Spanisch oder auf Nahuatl.*

xihuitl	Jahr
tlacenti	Januar
tlaonti	Februar
tlayeti	März
tlanauhtl	April
tlamacuilti	Mai
tlachicuazti	Juni
tlachiconti	Juli
tlachicueiti	August
tlachicnauhti	September
tlamatlacti	Oktober
tlamactlihuanceti	November
tlamactlihuanonti	Dezember

Das geübte Auge wird festgestellt haben, dass sich in den Wochentagen einige der aztekischen „Götter" wiederfinden, während die Monatsnamen nach dem System **tla** + Zahl + **ti** aufgebaut sind.

¿Tlein cemilhuitl ti|ca|teh?
was Tag wir-sein-MZ
Welches Datum haben wir heute?

weitere Zeitbegriffe

<table>
<tr><td>iciuhca|pan, icipa
(Z: cualca, H: ihnaloc)</td><td>morgens</td></tr>
<tr><td>yohua|tzin|co
Nacht-☺-in</td><td>früh morgens</td></tr>
<tr><td>yohualli</td><td>Nacht</td></tr>
<tr><td>yohual|tica
Nacht-mit</td><td>nachts</td></tr>
<tr><td>tlahcah</td><td>tagsüber</td></tr>
<tr><td>nepaca|tica
entfernt-mit</td><td>zukünftig</td></tr>
<tr><td>mo|namic|tica
sich-verheiraten-mit</td><td>zuvor</td></tr>
<tr><td>yehua</td><td>vor kurzem</td></tr>
<tr><td>yëh yehua
schon gerade</td><td>vor einiger Zeit</td></tr>
<tr><td>yë|cuel yehua
schon-schon gerade</td><td>vor langer Zeit</td></tr>
<tr><td>yë|huël yehua
schon-wahrlich gerade</td><td>vor sehr langer Zeit</td></tr>
<tr><td>hueh|cauh|tica
weit-Zeit-mit</td><td>seit langer Zeit</td></tr>
<tr><td>(ahzo) yëh ce xihuitl
vielleicht schon eins Jahr</td><td>vor einem Jahr</td></tr>
<tr><td>in oc|ce xihuitl
das noch-eins Jahr</td><td>in einem Jahr</td></tr>
<tr><td>yeeppa</td><td>vorher</td></tr>
<tr><td>cemicac</td><td>für immer</td></tr>
<tr><td>yalhua</td><td>gestern</td></tr>
<tr><td>axcan i|pan ce xihuitl
heute sein-auf eins Jahr</td><td>ab heute in einem Jahr</td></tr>
<tr><td>mo|möztla
DOPP.-morgen</td><td>jeden Tag</td></tr>
<tr><td>cen|yohual
gesamt-Nacht</td><td>die ganze Nacht</td></tr>
<tr><td>ce|cen|yohual
DOPP.-gesamt-Nacht</td><td>jede Nacht</td></tr>
</table>

Verdoppelungen

Eine nette Eigenheit des Nahuatl ist das Verdoppeln („DOPP." in der Wort-für-Wort-Übersetzung), das in fast allen Wortkategorien vorkommen kann. Die Grundbedeutung wird dadurch intensiviert. Dabei wird immer nur die erste Silbe des Elementes verdoppelt. Einige Hauptwörter und Eigenschaftswörter bilden die Mehrzahl per Verdoppelung, z. B.:

<table>
<tr><td>ci|citlatl|tin</td><td>DOPP.-Stern-MZ</td><td>Sterne</td></tr>
<tr><td>cua|cual|tin</td><td>DOPP.-gut-MZ</td><td>gute</td></tr>
</table>

Diese Verdoppelungen werden meistens besonders ausgesprochen, entweder mit einem deutlich hörbaren **h** *oder einem Stimmabsatz (*ni|tlah|tlapaca *oder* ni|tla'|tla|paca*).*

Bei den Zahlen ergibt das Konstrukt „jeder ...", z. B.:

<table>
<tr><td>ma|macuil|pa</td><td>DOPP.-fünf-mal</td><td>jedes 5. Mal</td></tr>
</table>

Auch Verbstämme kann man so intensivieren:

<table>
<tr><td>ni|tequi</td><td>ich-arbeiten</td><td>ich arbeite</td></tr>
<tr><td>ni|te|tequi</td><td>ich-DOPP.-arbeiten</td><td>ich arbeite (lange, wiederholt, viel od. an mehreren Orten)</td></tr>
</table>

Genauso drückt natürlich **ni|pa|paqui** („ich-DOPP.-freuen") bedeutend mehr aus als „nur" **ni|paqui.** Ist ein Verb transitiv und benötigt daher z. B. den „Anker" **-tla-,** kann der auch verdoppelt werden:

<table>
<tr><td>ni|tla|paca
ich-ETWAS-waschen</td><td>ich wasche etwas</td></tr>
<tr><td>ni|tla|tla|paca
ich-DOPP.-ETWAS-waschen</td><td>ich wasche Verschiedenes</td></tr>
<tr><td>ni|tla|pa|paca
ich-ETWAS-DOPP.-waschen</td><td>ich wasche viel (oft, gründlich, lange etc.)</td></tr>
</table>

Kurz-Knigge

Höflichkeit und Respekt, aber auch Diskretion und Bescheidenheit in Sprache und Gestik ist oberste Maxime im Umgang mit den Menschen. Darin unterscheiden sich die Nahuas nicht vom Rest der Mexikaner.

Eine goldene Regel für jeden Mexiko-Reisenden lautet: *Verliere nie das Gesicht in der Öffentlichkeit, und lasse es auch nicht dazu kommen, dass andere es durch dich verlieren!* Man hat zwar als Reisender eine gewisse Narrenfreiheit, aber ein Mexikaner wird nur in den Extremfällen auf einen Fauxpas hinweisen, weil er nicht möchte, dass der Reisende dabei wiederum das Gesicht verliert. Wenn Unstimmigkeiten auftreten, lassen die sich meist unter vier Augen regeln.

Im Umgang mit Indígenas ist viel Fingerspitzengefühl gefragt, vor allem, wenn man sich etwas näher kennen lernen möchte. Man darf nicht vergessen, dass viele am Rande der Gesellschaft leben und von den Mestizos verhöhnt und ausgenutzt werden. Daher niemals das Wort „Indio" verwenden, sondern „Indígena", **macehualli** (Bauer) **nahua|macehualli** (Nahua-Bauer) oder **mexicatl,** denn so nennen sich viele Nahuatlsprecher selbst. In der Ost-Peripherie wird der Begriff „Mexicaneros" verwendet.

Man wird sich Ihnen anfangs eher verschlossen zeigen. Zusätzlich zu den üblichen

Verhaltensregeln in Mexiko achten Sie auch auf folgende spezielle Umgangsformen:

Stellen Sie von vornherein klar, dass Sie weder US-Amerikaner(in) (*gringo,* **pinotl**), Spanier(in) (**caxtillantecatl, cactzapini**) noch Missionar(in) (*misionero*), sondern Deutsche(r) (*alemán,* **toichtecatl**) und Reisende(r) (**ohtocani, nenqui**) sind. Somit werden die ersten Vorurteile ausgeräumt.

Zeigen Sie besonderen Respekt vor kleinen Kindern, Frauen, Alten, Schwachen und Kranken. Vermeiden Sie es allerdings, sie länger und intensiv anzuschauen, da man in einigen Regionen an den bösen Blick (*mal de ojo*) glaubt (s. „Der böse Blick").

Verscheuchen Sie Kinder nicht wie Hühner, wenn Sie sich von ihnen belästigt fühlen. Seien Sie freundlich, aber bestimmt.

Trinken Sie in der Öffentlichkeit keinen Alkohol (auf einer Fiesta wird allerdings eine Ausnahme gemacht); Alkoholismus ist ein weit verbreitetes Problem.

In einigen Gebieten ist es Frauen traditionell untersagt, Fremde zu grüßen.

Vermeiden Sie „übertriebenen" Körperkontakt mit den Indígenas. Selbst ein Händeschütteln zwischen Männern ist eigentlich mehr ein gegenseitiges Berühren der Handflächen. In vielen Fällen tut's ein respektvolles Zunicken auch, gerade gegenüber Frauen. Auch Paare zeigen in der Öffentlichkeit keinen übermäßigen Körperkontakt! Orientieren Sie sich an dem, was Sie sehen.

Hört sich mexikanisches Spanisch für einen Deutschen eher laut und hektisch an, so sprechen die Indígenas eher ruhig und gefasst. Bei „unschicklichen" Themen wird die Stimme nochmals gesenkt. Unterbrechen Sie Ihren Gesprächspartner nicht!

Versuchen Sie nicht, Dorfobrigkeiten von sich aus zu bestechen! Diese unter den Mestizos verbreitete Praktik ist bei den Nahuas verpönt, und die Autoritäten werden normalerweise von ihren Dorfbewohnern unterhalten. Signalisiert man Ihnen diese (seltene) Möglichkeit, sollte man diese Ausgabe „zum Wohle des Dorfes" tätigen, denn dafür wird sie mit Sicherheit verwendet.

Loben Sie Mexiko, wo Sie nur können, aber bitte mit Verstand. Ein Lob ob des technischen Fortschrittes beim Bau eines Staudammes mag vielleicht den Mestizo erfreuen, nicht aber den Indígena, der deswegen umgesiedelt wurde.

Halten Sie sich unbedingt an von der Obrigkeit ausgesprochene Verbote, z. B. bestimmte Orte zu besuchen, an einer Fiesta teilzunehmen oder zu fotografieren. Denken Sie daran, dass Sie Gast sind. Was Sie durch Ihren Charme, Ihre Ehrlichkeit und Nahuatl-Kenntnisse nicht erreichen, sollten Sie nicht erzwingen!

Die Schwärze, die Farbe der Alten – die Traditionen

Die Tradition der Vorväter (poetisch mit **in|tlil, in|tlapal in huehuet|queh** (*ihre-Schwärze ihre-Farbe die Alter-MZ*) umschrieben und bezogen auf die in den alten Bilderhandschriften verwendeten Farben) wird trotz Conquista und moderner Hektik bestmöglich erhalten. Sie überlebt, treu Cuauhtemocs Befehl, versteckt und verkleidet. Einige Aspekte dieser faszinierenden Kultur sind für das rechte Verständnis von Mensch und Sprache sehr hilfreich.

Ometeotzintli – die verehrte Essenz der Dualität

Selbst im Mexiko der Mestizos finden sich sprachliche Entsprechungen von **ometeotzintli,** *und zwar in Form der (von jedem Nicht-Mexikaner gefürchteten)* Albures, *jenen Wortgefechten, die man in der Regel selbst als Spanisch sprechender Reisender nicht versteht.*

Nach aztekischer Weltanschauung ist das ganze Universum nach dem Dualitätsprinzip aufgebaut, d. h. nach Gegensätzen, wie Gut und Böse oder Tag und Nacht; das eine macht ohne das andere keinen Sinn, braucht also sein Gegenteil. Das Ganze ist allerdings (ähnlich Yin und Yang) nicht statisch zu sehen, sondern befindet sich im steten Wandel und wird obendrein als zyklisch empfunden. Daraus ergibt sich eine Dynamik, die sich **ome|teo|tzintli** (*zwei-Essenz-☺*) nennt.

Aus diesem Grunde wird jedes traditionelle Nahua-Dorf von weltlichen und geistlichen Autoritäten geleitet, besteht eine Rollenverteilung von Mann und Frau usw. Für die Nahua der Huasteca gibt es z. B. keine Hölle; der Himmel wird zu einer Hälfte vom Guten, zur anderen Hälfte vom Bösen regiert.

Ometeotzintli findet sich natürlich auch in der Sprache wieder; das Verdoppeln von Silben ist nur ein Aspekt davon. Früher wurde in der Hochsprache ein Begriff metaphorisch durch zwei beschrieben, z. B. **in cuicatl, in xöchitl** (der Gesang, die Blumen), gleichbedeutend mit Poesie. Viele Wörter haben zwei Bedeutungen, eine „starke“ und eine „schwache“ oder eine „reale“ und eine „metaphorische“. **Tetl** bedeutet „Stein“, aber auch „Ei“, und **petlatl** bezeichnet real die „Matte“, im übertragenen Sinne aber auch die Versorgung mit lebensnotwendigen Gütern.

Namen & Anrede

Wie schon erwähnt, ist der Unterschied zwischen „du“ und „Sie“ ein anderer als zwischen **tehhuatl** und **tehhuatzin.** Für den Anfang liegen Sie mit **tehhuatzin** bzw. den höflichen Verbformen immer richtig. Aus dem Munde eines **coyotl** („Kojote“ = Fremder) klingt ein **tehhuatl** schnell nach Befehl und Arroganz.

Als Anrede gibt es in der Hochsprache:

tecuh|tli, teuc|tli	Herr (Mz: **te|tecuh|tin**)
cihuapil|li	Frau
telpöch|tli	junger Mann
ichpocapil|li	Fräulein

Es werden auch die spanischen Anreden señor, señora, joven *und* señorita *benutzt, wobei* señor *und* señora *mit dem ersten Nachnamen kombiniert werden (die Mexikaner tragen ja sowohl den Nachnamen des Vaters wie den der Mutter, z. B.* Davíd Gutiérrez López*) und* joven *und* señorita *mit dem Vornamen, also z. B.* señor Gutiérrez*, aber* joven Davíd.

Will man besonderen Respekt walten lassen, so wird **-tzintli** bzw. **-tzin** angehängt. Oft werden auch familiäre Anreden verwendet.

no|tecuh|tzin (Z: topalle) *mein-Herr-☺*	mein verehrter Herr, „Don“
no|cihuapil|tzin (Z: cihuapille) *mein-Dame-☺*	meine verehrte Dame
no|tah|tzin (H: tate) *mein-Vater-☺*	mein verehrter Vater
no|nan|tzin (H: nane) *mein-Mutter-☺*	meine verehrte Mutter

In einigen Zentrumsdialekten wird der männliche Vorname mit der Vorsilbe **ru-** kombiniert, der weibliche mit der Nachsilbe **-tzi.**

Die meist spanischen Namen werden etwas abgewandelt. Natürlich gibt es auch viele, allerdings weniger verwendete aztekische Namen.

¡Ru|Petolo! (Z)	¡Xuanah|tzi! (Z)
He, Herr Pedro!	He, Frau Juana!

Petolo	Pedro
Manuviél	Manuel
Xuán	Juan
Xuanah	Juana
Malintzin	María

Namen für Männer

Chimalpopoca	„Rauchender Schild“
Cuauhtemoc	„Herabgesunkener Adler“
Mixcoatl	„Wolkenschlange“

Namen für Frauen

Citlalli	„Stern“
Xöchiquetzal	„Blumenfeder“
Xöchitl	„Blume“

Besteht zwischen zwei Nahuatl-Sprechern eine stärkere Verbindung in Form einer Patenschaft, so redet man sich mit **cömpale** (Gevatter) bzw. **cömale** (Gevatterin) an (von Spanisch *compadre, comadre*). Diese Patenschaften (so genannte *compadrazgos*) sind ein wichtiger Bestandteil des täglichen Lebens der Nahuas. Es gibt *compadrazgos* für alles Mögliche, von der Eheschließung über die uns geläufige Taufpatenschaft bis hin zum Richtfest oder der „Einsegnung“ des eigenen Autos. Dabei beteiligen sich **cömpale** und **cömale** tatkräftig an den notwendigen Ausgaben. Das steigert das soziale Ansehen. Weil aber in einem Dorf jeder der **cömpale** vieler Anderer ist, verteilt sich das Geld wieder unter der Bevölkerung.

Begrüßen & Verabschieden

Aufgrund schnell steigender Außentemperaturen kann der Tag in Mexiko ziemlich früh beginnen.

¡Ma cualli tlaneci! ¿Quenin otimotlahuilti? (Z),
bitte gut aufgehen ¡Taneci! (Z),
Guten Morgen! ¿Quen otimotlahuiltitzino? (H)
(vor Sonnenaufgang)

Im Zentrum grüßt man sich auch mit ¿Quenin otimopanolti? *(Wie ist es dir ergangen?).*

¡Ma cualli tonalli! ¡Tonaltic!/¡Tunaltin! (Z),
bitte gut Tag ¡Cualli tonaltin! (Z)
Guten Tag! (bis Mittag)

¡Ma cualli teotlac! ¡Tiutlaquiltin! (Z),
bitte gut nachmittags ¡Nepantlahtic!, ¡Tiali! (Z)
Guten Tag! (nach Mittag)

¡Ma cualli yohualli! ¡Tlayuhualtin! (Z),
bitte gut Nacht ¿Quenin otimoyohuilti? (Z),
Guten Abend! ¡Cualli tlayohuan! (Z),
(a.:) Gute Nacht! ¡Tlayohua[tzino]! (Z)

Als Antwort wiederholt man den Gruß ganz einfach, oder sagt **Cualli, cualli, tlazohcamati.** (Gut, gut, danke.) Etwas aus der Mode gekommen ist der Gruß **niltze** (hallo).

In der Huasteca gibt es eine Floskel für „Guten Morgen“, die einer festgelegten Antwort bedarf:

¿Quenin oticmopanolti in iyohualtzin in *Diós*?
(etwa:) Wie haben Sie Gottes Nacht herumgebracht?

Ica in icnoittaliztzin, paccayotica.
(etwa:) Durch seine Gnade, ruhig. (Antwort)

Natürlich kann man auch das Verb **tlahpaloa** *(grüßen) verwenden.*

¡Ni|mitz|tlahpaloa! **¡Ni|mitz|cuepa|tlahpaloa!**
ich-dich-grüßen *ich-dich-zurückkommen-grüßen*
Ich grüße dich! Und ich grüße dich (auch)!

Kennt man sich besser, drückt eine Verdoppelung echte Wiedersehensfreude aus:

¡Ni|mitz|tla|tlahpaloa!
ich-dich-DOPP.-grüßen
(in etwa): Schön, dich wiederzusehen!

Verabschiedungen beginnen meist mit **ixquichca** (bis; Z: quin) *und einer Zeitangabe, z. B.* **möztla** *(morgen) oder* **huiptla** *(übermorgen). Unverfänglich sind die nebenstehenden Floskeln.*

¡Ixquichca oc|ce|pa! (Z: ¡Quin occepa!)
bis noch-eins-Mal
Bis zum nächsten Mal!

¡Ixquichca niman!
bis bald
Bis bald!

¡Ti|to|itta|z|queh! (Z: ¡Toittazqueh!, ¡Techtoittaz!)
wir-uns-sehen-Z-MZ
Auf Wiedersehen!

¡Cualli ic ti|nemi!
gut deswegen du-leben
Lass es dir gut gehen!

¡Ma xi|pah|tinemi!
bitte !-gesund-leben
Alles Gute!

Floskeln & Redewendungen

Es sind erfahrungsgemäß die Floskeln einer fremden Sprache, die sich zuerst einprägen und beim Gesprächspartner freudige Überraschung hervorrufen.

¿Quen nel? *(wie wahr)*	Was gibt's?
Aquin qui|mati. *wer ihn-wissen*	Wer weiß.
Ahmo ni|c|mati. *nicht ich-ihn-wissen*	Ich weiß (es) nicht.
¡Cualli ca! *(gut sein)*	In Ordnung!
¡No|yöllo|copa! *mein-Herz-auf*	Von mir aus!
¡Pani ca! *(oben sein)*	Das ist klar!
¡Melahuac! *(wahr)*	Stimmt!
Ahmo melahuac. *nicht wahr*	Das stimmt nicht.
¡Ma cualli tlahuictli! *bitte gut Ziel*	Viel Erfolg!
¡Xi|mo|cehui|tzino! *!-dich-beruhigen-☺*	Gesundheit! (beim Niesen)
¡Ma cualli xi|cochi! *bitte gut !-schlafen*	Schlaf gut!
¡Ma cualli xi|tla|cehui! *bitte gut* *!-ETWAS-ausruhen*	Angenehme Ruhe! (wenn jem. Siesta machen möchte)
Yëh yuhqui. *schon dergestalt*	Genauso ist/war es. (beim Erzählen)
¡T|ia|z|queh! (Z: ¡Chohueh!) *wir-gehen-Z-MZ*	Los geht's!

Wichtig ist der Gebrauch von **yëh** *(schon). Ähnlich wie das im mexikanischen Spanisch oft verwendete* ya *drückt es eigentlich eine Veränderung aus. Wenn ein Elternteil sein Kind mit* **¡yëh!** *zur Ordnung ruft, heißt das, dass die Faxen nun vorbei sind und eine Veränderung, in diesem Falle hin zum guten Benehmen, eintreten soll.*

Die Floskel „So sei es ..." wird als Füllsel immer dann eingebracht, wenn man von Plänen hört, die einen entweder nicht weiter interessieren oder auf die man keinen Einfluss hat.

¡Xi|c|mo|piä|li tlaipantiliztli!
!-ETWAS-dich-haben-BETREFFEN Glück
Glückwunsch!

¡Miäc paquiliztli i|pan yancuic xihuitl!
viel Freude sein-auf neu Jahr
Prosit Neujahr!

Z: ¡Ma yuhqui monequiltitzino, teuctle!
(etwa:) So sei es, mein Herr!

Zeitangaben

Bei **nenquen** *(sofort) hat man eine Chance, dass etwas wirklich in diesem Moment passiert. Anstelle von* **axcan** *sagt man im Zentrum auch häufig* aman *und in der Huasteca* nama *oder* axan.

Erfahrene Mexiko-Touristen wissen, dass Zeitangaben nicht wörtlich zu nehmen sind. **Niman** (gleich), **zatepan** (später) und **möztla** (morgen) sind in ihrer Aussagekraft ähnlich zu bewerten wie ihre spanischen Pendants *ahorita, después* und *mañana*. Dabei muss man vielleicht einmal sagen, dass diese oft von Deutschen kritisierte Unpünktlichkeit nicht wirklich „böse" gemeint ist und vielmehr aus dem Konflikt entsteht, einerseits jedem gegenüber höflich, dienstbereit und zuvorkommend zu sein, andererseits mit den täglichen Problemen, wie Personentransport und Logistik fertig werden zu müssen. Fairerweise müsste man **niman** eigentlich mit „sobald es möglich ist", **zatepan** mit „sobald wirklich wichtige Dinge erledigt sind und es dann möglich ist" und **möztla** mit „sobald es möglich ist und nichts anderes ansteht" übersetzen. Auch **axcan** (jetzt, heute), **ocachitönca** (bald), **huiptla** (übermorgen) und **in occe cemilhuitl** (am anderen Tag) sind ähnlich einzuordnen.

Bitten, Danken, Sich Entschuldigen

Für „bitte" existiert als Einleitung zu einer Aufforderung zwar der Ausdruck **ni|mitz|-tlatlauhtia** (*ich-dich-bitten*), der wird aber in der Praxis eher durch die Konstruktionen mit **ma** bzw. **tla** ausgedrückt. Geht es um eine Bitte, etwas nicht zu tun, wird selbstverständlich **maca** bzw. **macahmo** verwendet.

¡Ma xi|nech|maca ce a|tzintli!
bitte !-mir-geben eins Wasser-☺
Geben Sie mir bitte etwas Wasser!

¡Maca xi|c|paca in eheca|huicpa|ni/*parabrisas***!**
*bitte·nicht !-sie-waschen die Wind-gegen-*MACHER
Wasch bitte nicht die Windschutzscheibe!

Oder (ganz kurz): **¡Macahmo!**
bitte·nicht·☺

Das Waschen von Windschutzscheiben während der Ampelpausen ist ein beliebter Nebenerwerb von Kindern und Jugendlichen, doch nach dem dritten Halt ist auch die schmutzigste Scheibe sauber, und mit dem knappen, aber höflichen **¡Macahmo!** *sollte das auch klar sein.*

Tlazohcamati bedeutet „danke". Mittlerweile ist aber auch die höfliche Form kein Problem mehr:

¡(Cenca) ni|mitz|tlazohcamachililia!
(viel) ich-dir-danken·☺
Vielen (herzlichen) Dank!

Ammitla.
nichts
Keine Ursache. (Antwort)

Wird man gelobt, vielleicht sogar ob der Nahuatl-Kenntnisse, gibt man sich selbstverständlich bescheiden.

Ti|nech|mahuiztla.
du-mich-ehren
Du ehrst mich.

Hat man Grund, sich zu entschuldigen, zieht man natürlich alle Register der Höflichkeit:

¡Tla xi|nech|mo|tla|popolhui|li!
bitte·☺ !-mich-dich-ETWAS-entschuldigen-BETREFFEN
Entschuldigen Sie, bitte!

Eine weitere Entschuldigung sollte man parat haben, wenn man an einer (oder mehreren) Person(en) vorbeigehen möchte. Dieser Ausdruck entspricht dem spanischen con permiso

Ni|yöl|tequipachihui.
ich-Herz-unzufrieden·sein
Es tut mir Leid.

¡Ma ciuhqui!
bitte tapfer·sein
Macht nichts!

¡M|ix|pan|tzin|co!
dein-Gesicht-vor-☺-in
Entschuldigung, dürfte ich mal vorbei? (zu einer Person)

¡Am|ix|pan|tzin|co!
euer-Gesicht-vor-☺-in
Entschuldigung, dürfte ich mal vorbei? (zu mehreren Pers.)

(Antwort:) **Xi|mo|pano|lti.**
!-dich-vorbeigehen-MACHEN

Hört man von einer misslichen Lage, sagt man:

¡Cenca nech|tequipachohua!
viel mir-Sorgen·bereiten
Das tut mir Leid (zu hören)!

¿Cuix ni|tzayana|lo|z?
ob ich-zerreißen-PASS.-Z
Habe ich was Falsches gesagt/getan? (wenn man nicht sicher ist, ob man in Fettnäpfchen getreten hat)

Das erste Gespräch

Eine erste Gelegenheit, Nahuatl zu sprechen, ergibt sich in der Regel auf den Märkten, an den Ständen. Die Indígenas sind etwas zurückhaltend, ihre Sprache mit **coyomeh** („Kojoten", also Nicht-Indígenas) zu teilen.

Im Folgenden steht „R" für „Reisender" und „ N" für „Nahua".

R: **Ma cualli tonalli, no|tecuh|tzin.**
bitte gut Tag, mein-Herr-☺
Guten Tag, mein Herr.

¿Ti|mo|machi|ltia ti|tlahtoz
nahua|tlahtol|copa/macehual|tlahtol|copa (Z, H)**?**
du-dich-wissen-MACHEN du-sprechen
Nahua-Sprache-auf/Bauer-Sprache-auf
Sprechen Sie Nahuatl?

N: **Quemah ni|qui|mati. Ihuan tehhua|tzin ...**
ja ich-ihn-wissen, und du-☺ ...
Ja, tue ich. Und Sie ...

¿Cuix melahuac ti|mo|machi|ltia to|tlahtol?
ob wahr du-dich-wissen-MACHEN unser-Sprache
Sie sprechen tatsächlich auch unsere Sprache?

R: **Ce tepitzin. Ma zan yölic xi|nech|mo|ilhui|li.**
eins wenig, bitte nur langsam !-mir-dich-sagen-BETREFFEN
Ein wenig. Sprechen Sie nur bitte langsam mit mir!

N: **Cualli ca. ¿Quenin mo|toca|tzin?**
gut sein, wie dein-Name-☺
In Ordnung. Wie heißen Sie?

R: **No|toca ..., ¿ihuan tehhua|tzin?**
mein-Name ..., und du-☺
Ich heiße ..., und Sie?

N: **No|toca Petolo.**
mein-Name Pedro
Ich heiße Pedro.

R: **Huël ni|paqui miäc ni|te|ix|mati!**
sehr ich-freuen viel ich-JEMAND-Gesicht-kennen
Sehr erfreut!

Die für unsere Ohren etwas umständliche Frage nach dem Wohlbefinden zielt darauf ab, wie der Angesprochene sein Leben „im Griff" hat, ob also alles nach Plan verläuft.

N: **¿Quen ti|mo|huica|tzinoa?**
wie du-dich-regieren-☺
Wie geht es Ihnen?

R: **Cualli, ni|mitz|tlazohcamachililia, ma zan nican.**
gut, ich-dir-danken-☺, bitte nur hier
Gut, vielen Dank.

Ma zan nican ist eine weitere Floskel der Bescheidenheit, die es im Deutschen in diesem Zusammenhang nicht gibt. Im mexikanischen Spanisch gibt es das ziemlich treffende Äquivalent *aquí nomás* („hier nur"), was im selben Zusammenhang verwendet wird. Es bedeutet, dass sich der Angesprochene bitte keine Sorgen oder Umstände machen soll.

In der Huasteca hört man auch:

¿Quen timoyetztica?	Mopaquilitica, oc axcan.
Wie geht es Ihnen?	Gesund, bis jetzt.

N: **¿Campa ic ti|mo|huicatz, no|tecuh|tzin?**
wo damit du-dich-kommen, mein-Herr-☺
Woher kommen Sie, mein Herr?

R: **Ni|chantia ömpa** *Alemania/Austria/Suiza.*
ich zu·Hause·sein dort Deutschland/Österreich/ Schweiz
Ich komme aus Deutschland/Österreich/ der Schweiz.

Nationalitäten lassen sich mit **-tecatl** („Bewohner", Mz **-tecah**) bilden:

R: **Ni|toich|tecatl.** (oder:) **Ni|***alemán***.**
ich-Deutsch-Bewohner
Ich bin Deutscher/Deutsche.

N: **¿Toich|tecatl? ¿Cuix ti|pinotl?**
Deutsch-Bewohner, ob du-Ausländer
Deutscher? Sind Sie Amerikaner?

Unser Nahuatl-Sprecher hat ja Recht: Sie sind ein **pinotl** (Ausländer). Allerdings wird dieser Ausdruck eher für US-Amerikaner verwendet.

R: **Ahmo|tzin, ahmo ni|pinotl.**
nein-☺, nicht ich-Ausländer
Nein, ich bin kein Amerikaner.

Auf dem Land ist es mit der Internationaliät verständlicherweise etwas schwierig. Es gibt zwar aztekische Ausdrücke für jedes Land, aber umgangssprachlich werden die spanischen Ausdrücke verwendet. Spaßeshalber kann man es ja mal versuchen mit **Toich|tlan** *(Deutschland, „Deutsch-zwischen"),* **Tlapcopa|tlahtocayotl** *(Österreich, „Ost-Reich"),* **Zuiz|can** *(Schweiz, „Schweizer-Platz").*

**Ni|chantia oc|ce tlazoh|tlal|nan|tzin,
i|toca Toich|tlan i|pan Teni|tlan.**
ich-zu·Hause·sein noch-eins Liebe-Erde-Mutter-☺, ihr-Name Deutsch-zwischen ihr-auf Europäer-inmitten
Ich komme aus einem anderen Land, aus Deutschland, das ist in Europa.

Der Ausdruck **taltepeton** *bedeutet in diesem Zusammenhang nicht, dass der Sprecher nicht viel von seinem Heimatdorf hält; vielmehr steckt dahinter: Was können wir als arme Indígenas dir als weitgereistem, wohlhabenden, starken Menschen schon bieten? Die Selbstbeleidigung, die dahinter steckt, ist auch hier ein Zeichen von Bescheidenheit. Nun ist es also Zeit für ein Kompliment ...*

N: **Ihuan ... ¿tlein ti|c|mo|nequi|ltia ti|chihua|z nican i|pan t|altepe|ton?**
und ... was du-ihn-dich-wollen-MACHEN du-machen-Z hier sein-auf unser-Stadt-☹
Und ... was möchten Sie hier in unserem Dörfchen?

R: **Ni|nenqui, ihuan ni|pah|paqui ni|hueliti|z ni|yë|z nican Mexihco, nican m|altepe|tzin|co.**
ich-Reisender, und ich-DOPP.-freuen ich-können-Z ich-sein-Z hier Mexiko, hier dein-Stadt-☺-in
Ich bin Tourist, und ich freue mich sehr, hier in Mexiko und in Ihrem schönen Dorf sein zu können.

Da Indígenas sehr wahrheitsliebend sind, sollte man mit der Wahrheit nicht hinter'm Berg halten. Es gibt tausend Gründe, durch Mexiko zu reisen.

Hier sind ein paar:

R: **Ni|c|nequizquia ...**
ich-ihn-wollen·☺ ...
Ich möchte gerne ...

... ni|quin|pipia|z miäqueh toto|meh cuauhtla|pan.
... ich-sie-Ausschau·halten-z viele Vogel-MZ Wald-in
... Vögel in den Wäldern beobachten.

... ni|qui|mati|z huël achi i|pan in mexica|yotl/macehualca|yotl.
... ich-ihn-wissen-z sehr mehr sein-auf die Mexicah-Essenz/Bauern-Essenz
... mehr über die Kultur der Mexikaner/Nahuas wissen.

... ni|pano|z nican i|pampa ni|yë|z i|pan ...
... ich-vorbeikommen-z hier sein-wegen ich-gehen-z sein-auf ...
... hier nur vorbeikommen, denn ich will nach ... gehen.

... ni|qu|itta|z in ilhuitl.
... ich-ihn-sehen-z die Fiesta
... die Fiesta sehen.

N: **Cualli ca. ¡Ma cualli öhtli!**
gut sein, bitte gut Weg
In Ordnung. Gute Reise!

Die Stadt, das Viertel

Die Indígenas leben traditionell in Großfamilien im **altepetl** (Dorf, auch Stadt) oder **calpölli** (Stadtviertel, auf dem Lande auch *Ejido*, vom Staat verpachtetes Ackerland, das von besitzlosen Bauern bearbeitet wird). Gemäß **ometeotzintli** wird so ein Dorf dual verwaltet (die so genannten *usos y costumbres*), wobei es indianische und nicht-indianische, weltliche und spirituelle Autoritäten gibt. Die weltliche Obrigkeit vertritt die Gemeinschaft nach außen hin, vermittelt in Streitfällen und setzt Bestrafungen fest. Die spirituelle Leitung nimmt kirchliche, aber auch medizinische Ämter wahr. Die Übergänge in den einzelnen Ämtern sind fließend. Größere Probleme innerhalb eines Nahua-Dorfes werden unter Beteiligung aller Angehörigen in einer Versammlung (*asamblea general*), die von den Amtsinhabern moderiert wird, geregelt. Dabei geht es nicht so sehr um die Schuldklärung, sondern darum, zu einer allseits befriedigenden Lösung zu kommen. Als Gast kann man versuchen, auf diesem Wege größere Probleme zu regeln.

Die Ämter (*cargos*), die je nach Regionen in Aufgabenbereichen und Namen unterschiedlich sein können, werden von der Dorfversammlung oder einem Ältestenrat verteilt und dauern ein Jahr. Amtsinhaber (**calqueh,** *cargueros*) verstehen sich als Diener ihrer Gemeinschaft und werden zwar nicht bezahlt, aber z. T. versorgt.

Weltliche Ämter im Zentrum wie auch in der Huasteca umfassen z. B. Polizei- und Justizarbeit (*fiscal, comandante, alguacil, capitán,* topil, *juez de paz,* tequihue) oder Verwaltung und Vertretung gegenüber der Außenwelt (wie huitztiton, *gobernador, regidor, agente municipal, subagente municipal, tesorero* oder *alcalde*). Über den *mayordomo* als spirituelles Amt wird später berichtet (s. „Die Fiesta"). Die Ältesten (**huehuetlacameh,** H: huehuechi, Z auch: tepixtoco) bewahren die Geschichten, überwachen die Einhaltung der Werte und Normen und werden bei Konflikten um Rat gefragt.

Durch das System von Ämtern, Patenschaften und Nachbarschaftshilfe wird ein enges soziales Netz geschaffen, in dem jeder von jedem abhängig ist. Man arbeitet nicht für sich selbst, sondern eher für die Gemeinschaft, für den **altepetl.** Tequio *nützt der Gemeinschaft. Durch die Familie erwirtschaftetes Geld kommt in Form eines* **ilhuitl** *wieder der ganzen Gemeinschaft zugute. Daher brechen ganze Dorfgemeinschaften zusammen, wenn die Jungen in die Städte abwandern.*

Andere wichtige Aspekte im Dorfleben sind:
- Patenschaften (*compadrazgos*) für jeden wichtigen Lebensabschnitt (Geburt, Heirat etc.). Paten gehören dann zur Familie und helfen bei der Finanzierung.
- Nachbarschaftshilfe (*mano vuelta,* H: copa, macoa),
- unentgeltliches Arbeiten für das Gemeinwohl (tequio; z. B. Strom- und Wasserversorgung, als Ersatz für an den Staat zu zahlende Steuern),
- private/öffentliche Feste, z. B. **ilhuitl** (Fiesta).

Die Existenz der Indianer am Rande der mexikanischen Gesellschaft führt dazu, dass ihre Dörfer buchstäblich „am Ende der Welt" lie-

Jeder Nahua bekleidet im Laufe seines Lebens mehrere Ämter. Durch ein angesehenes Amt erlangt man steigenden Einfluss. Die Ältesten genießen das höchste Ansehen im **altepetl.**

gen und oft ohne Strom, Wasserleitungen, Gas, Schulen und medizinische Versorgung auskommen müssen. Nicht einmal ein Fünftel aller Indígenas Mexikos verdienen mehr als den Mindestlohn. Auch in größeren Städten sind viele **calpölli** schlecht versorgt. Dennoch schließen sich viele Nahuas in einer Stadt zusammen, um sportliche, kulturelle und religiöse Aktivitäten zu unternehmen.

Ni|c|nequizquia ni|tlahtolloa|z i|ca in ***regidor.***
ich-ihn-wollen·☺ ich-Dialog·halten-z sein-mit der Regidor
Ich möchte mich mit dem Regidor unterhalten.

¿Campa chantia ce huehuetlacatl?
wo wohnen eins Ältester
Wo finde ich ein Mitglied des Ältestenrates?

Zu Gast sein

Eine Einladung nach Hause bedeutet bei den Mestizos Zeichen von Vertrauen und sollte als Privileg angesehen werden. Das gilt doppelt, wenn man in die Hütte eines Indígenas eingeladen wird. Nun ist viel Feingefühl angesagt:

¿Ti|mo|huica|z|nequi no|chan?
du-dich-begleiten-z-wollen mein-Zuhause
Möchten Sie mit zu mir kommen?

¡Chan|tzin|co!
Zuhause-☺-in
Hallo, jemand zu Hause?

Der Ausruf **¡Chantzinco!** *sollte beim Betreten eines Hauses Standard sein; man kann sich damit auch vor dem Haus bemerkbar machen, wenn es keine Klingel gibt.*

Dem Reisenden werden zwei Begriffe für „Haus“ über den Weg laufen: **cal|li** und **chan|tli.** **Cal|li** bezieht sich eher nüchtern auf das Haus als Konstruktion, wohingegen **chan|tli** sich eher mit „Zuhause“ übersetzen ließe. Das schon bekannte Verb **chan|tia** (*Zuhause-MACHEN*) bedeutet daher auch „wohnen“.

¡ Xi|mo|pano|l|ti cal|ictic!
!-dich-vorbeigehen-BETREFFEN-MACHEN Haus-in
Treten Sie bitte ein!

¡Ma xi|calaqui!
bitte !-eintreten
Komm rein!

Yëh ti|c|mati ca yehhuatl in mo|chan|tzin.
schon du-ihn-wissen sein es das dein-Zuhause-☺
Du weißt doch, dass du hier zu Hause bist.
(unter Freunden oder Paten)

*„In seinem Zuhause sein“ ist eine typisch mexikanische Floskel, die sich auch im Spanischen wiederfindet (*estar en su casa*) und so viel wie „sich wie zu Hause fühlen“ bedeutet.*

¡Ma mo|yölica|tzin! Nican ti|qui|mo|piä|lia ...
bitte du-ruhig-☺ hier du-ihn-dich-haben-BETREFFEN
Sei willkommen! Ich stelle dir ... vor.

Hier kann natürlich alles Mögliche eingesetzt werden: **no|cenyeliz|tzin** (*meine-Familie-☺*), **no|tah|tzin** (*mein-Vater-☺*), **no|nan|tzin** (*meine-Mutter-☺*), **n|oquich|tzin** (*mein-Mann-☺*) etc. Handelt es sich bei den Vorgestellten um mehrere Personen, z. B. die Eltern (**no|tah|tzitzihuan**), wird das **-qui-** im Verb natürlich durch **-quin-** ersetzt.

tecotöncatzitzihuan – die liebe Verwandtschaft

oquichtli	(Ehe-)Mann
cihuatl, zohuatl	(Ehe-)Frau
namictli	Ehepartner
pilli	Sohn, Tochter
cetcatli, icnitl	Geschwister
tlahtli	Onkel
ahuitl	Tante
ixhuitl, ixhuiuhtli	Neffe
oquichpotli	Vetter
cölli	Großvater
cihtli	Großmutter
pillotl	Enkel/-in (Frauensicht)
machtli	Enkel/-in (Männersicht)
telpochca|icniuhtli	Freund, Verlobter
ichpoca|icniuhtli	Freundin, Verlobte
mon|tahtli	Schwiegervater
mon|nantli	Schwiegermutter
huehpölli	Schwager, Schwägerin
potli	Partner/-in
icniuhtli	Freund

Darüber hinaus gibt es eine Vielzahl anderer Verwandtschaftsbezeichnungen, gerade auf Geschwisterebene. Der große Bruder heißt **achtli** oder **oquichtiuhtli,** die große Schwester **pihtli** oder **huëltiuhtli,** der kleine Bruder **teicauhtli.** Männer und Frauen betiteln ihre Verwandtschaft z. T. anders; so nennt eine Mutter ihr Kind auch **conetl,** während ein Vater bei **pilli** bleibt. Für die jüngeren Geschwister gibt es etwas Ähnliches: **iciuhtli** (wenn Sprecher männlich), **icuitli** (wenn Sprecherin weiblich).

Darüber hinaus wird man diese Ausdrücke natürlich kaum so „nackt“ vorfinden. Zum Ersten fehlt ein besitzanzeigendes Fürwort, denn ein Vater ist immer jemandes Vater, also zumindestens **te|tahtli** (*JEMAND-Vater*). Obendrein kommt die aztekische Höflichkeit zum Tragen, weswegen man die Verwandschaft mit **-tzintli** bzw. **-tzin** „behängt“. Ein Elternteil wird daher stets von seinem Kind als **no|pil|tzin** (*mein-Kind-☺*) sprechen. Bezeichnungen wie **te|cöl|tzintli** oder **no|cih|tzin** verstehen sich von selbst und lassen sich auch mit „Opa“ oder „meine Oma“ übersetzen.

Es empfiehlt sich, immer eine Kleinigkeit dabeizuhaben, nur bitte keine Blumen in traditionelle Haushalte mitbringen, denn die gehören für den Mexikaner auf den Friedhof. In urbanen Gebieten ist das freilich etwas anderes. Mit Präsenten aus Deutschland, vor allem für Kinder und Senioren, ist man stets auf der sicheren Seite.

Huël ni|paqui miäc ni|te|ix|mati.
sehr ich-sich-freuen viel ich-JEMAND-Gesicht-kennen
Sehr erfreut.

¿Quen ti|mo|huica|tzinoa?
wie du-dich-regieren-☺
Wie geht es Ihnen?

Cualli, ni|amech|tlazohcamachililia, ma zan nican.
gut, ich-euch-danken-☺, bitte nur hier
Gut, vielen Dank.

Ist das Eis gebrochen, ist der Neugier keine Grenze mehr gesetzt:

¿Quexqui xihuitl ti|mo|quin|piä|l|tia?
wieviel Jahr du-dich-ihn-haben-BETREFFEN-MACHEN
Wie alt sind Sie?

Ni|c|piä cem|pohualli|huan matlactli xihuitl, ¿ihuan tehhuat|tzin?
ich-ihn-haben eins-Zählung-und zehn Jahr, und du-☺
Ich bin 30 Jahre alt, und Sie?

¿Tlein neixcahuilli ti|c|piä?
was Beruf du-ihn-haben
Was arbeitest du?

Ni|temachtiani.
ich-Lehrer
Ich bin Lehrer/-in.

Berufe

tequini	Arbeiter
ticitl	Arzt
calmanani	Architekt
tlachichiuhpachoqui	Beamter
tlachichiuhqui	Bürokraft
yöllocaquini	Experte
itztani, tlatemoani	Forscher
tetlamacani	Kellner
tlacualoa	Koch
toltecatl	Künstler
macehualli, tlatlani	Landwirt, Bauer
tlahquilqui	Maurer
tecuicatiani	Musiker
cazoqui	Schuster
tepözpizqui	Schmied
tlamachihuani	Schneider
cuauhxinqui	Schreiner
momachtiqui	Schüler
momachtiani	Student
milciuhqui	Tagelöhner
yölcaticitl	Tierarzt
tlanticitl	Zahnarzt

¿Tlein tlamantli ti|mo|machtia?
was Ding du-dich-lehren
Was studieren Sie?

Ni|no|machtia ...
ich-mich-lehren ...
Ich studiere ...

Studium

Mexihco itlahtollo	mexikanische Geschichte
tici|matiliztli *Arzt-Kennen*	Medizin
pohui|matiliztli *Zählen-Kennen*	Mathematik
yölqui|matiliztli *Leben-Kennen*	Biologie

¿Yëh ti|cihua|hua/ti|oquich|hua?
schon du-Frau-Besitzer/du-Mann-Besitzer
Sind Sie verheiratet (zum Mann/zur Frau)?

Quemah|ca|tzin, ni|cihua|hua/ni|oquich|hua.
ja-sein-☺, ich-Frau-Besitzer/ich-Mann-Besitzer
Ja, ich bin verheiratet.

Ahmo|tzin, ayoc ni|cihua|hua/ni|oquich|hua.
nein-☺, noch·nicht ich-Frau-Besitzer/ ich-Mann-Besitzer
Nein, ich bin (noch) ledig.

„Verheiratet sein" impliziert in der aztekischen Denkweise den „Besitz" des Partners, d. h. der Ehemann ist der „Fraubesitzer" und die Ehefrau die „Mannbesitzerin".

Sollten Sie ein gewisses heiratsfähiges Alter erreicht haben, sollten Sie, zumindest für Ihren Gesprächspartner, verheiratet sein. Für die Nahuas ist das Leben nur in der Partnerschaft zu meistern; wer keinen Partner hat, wird als unvollständig angesehen. Daher gehen auch Verwitwete wieder auf Partnersuche.

Ni|cihua|micqui.
ich-Frau-Leiche
Ich bin verwitwet.
(sagt ein Mann)

Ni|oquich|micqui.
ich-Mann-Leiche
Ich bin verwitwet.
(sagt eine Frau)

¿Quexqui mo|pil|huan ti|quin|mo|piä|lia?
wieviel dein-Kind-MZ
du-sie(MZ)-dich-haben-BETREFFEN
Wie viele Kinder haben Sie?

Ni|quin|piä nahui: ome cihua|pi|pil|tin
i|huan ome oquich|pi|pil|tin.
ich-sie(MZ)-haben vier: zwei Frau-DOPP.-Kind-MZ
sein-mit zwei Mann-DOPP.-Kind-MZ
Ich habe vier: zwei Mädchen und zwei Jungen.

¿Ti|mo|tla|chichina|lia|ni?
du-dich-ETWAS-saugen-BETREFFEN-MACHER
Rauchen Sie?

Ni|mitz|tlazohcamachililia, ahmo
ni|tla|chichina|lia|ni.
ich-dir-danken·☺, nicht
ich-ETWAS-saugen-BETREFFEN-MACHER
Danke, ich rauche nicht.

Sollte man unerwartet „einfallen“ und Kosten in Form von Essen, Übernachtung etc. verursachen, versteht es sich von selbst, dass man dann eine kleine Hilfe anbietet.

¿Quexquich ni|te|tla|huiquilia i|pampa inin tlacualli?
wieviel ich-JEMAND-ETWAS-regieren·☺
sein-wegen dieses Essen
Was schulde ich Ihnen für das Essen?

Es gehört zur Höflichkeit, dass der Gastgeber erst einmal ablehnt, vielleicht sogar so:

Ammitla, to|mahuiz|ti|lia miäc i|ca inin mo|huallali|tzin i|pan inin t|icno|cal.
nichts, wir-Ehre-MACHEN-BETREFFEN viel sein-mit dieser dein-Kommen-☺ sein-in dieses uns-Armut-Haus
Nichts, wir sind sehr geehrt, dass Sie in unser bescheidenes Haus gekommen sind.

Die Ablehnung des Gastgebers ist zwar höflich, hilft ihm aber faktisch nicht weiter.

Ahmo|tzin, nican ti|c|mo|piä|lia inin tepitzin tlamacueptli.
nein-☺, hier du-ihn-dich-haben-BETREFFEN diese kleine Gabe
Aber nein, hier haben Sie diese kleine Hilfe.

Ni|mitz|tlazohcamachililia, ¡ma to|teotl oc achi mitz|mo|maquili!
ich-dir-danken·☺, bitte unsere-Essenz noch mehr dir-dich-geben·☺
Vielen Dank, Gott vergelt's!

Will man nicht dauernd „unnütz" herumsitzen, während um einen herum gearbeitet wird, kann man natürlich seine Hilfe anbieten.

¿Ni|hueliti ni|mitz|palehui|z?
ich-können ich-dir-helfen-z
Kann ich Ihnen helfen?

¿Ti|c|nequi (in tlein) ni|mitz|palehui|z mo|tequi|ca?
du-ihn-wollen (das was) ich-dir-helfen-z dein-Arbeit-mit
Möchten Sie, dass ich Ihnen bei der Arbeit helfe?

Es wird wohl eher selten vorkommen, dass man auf Eigeninitiative des Gastgebers über das Grundstück geführt wird; diese „Protzerei" würde nicht der indianischen Bescheidenheit entsprechen. Darüber hinaus gibt es in ihrem Verständnis in vielen Eigenheimen nicht wirklich viel, was sich zu zeigen lohnen würde. Etwas anderes ist es freilich, wenn man vollen Lobes über das Haus ist und z. B. erzählen kann, wie viel man schon über Stallungen oder die **Milpa** (s. Kap. „Die Milpa – Landwirtschaft") gehört hat. Dann kann es vorkommen, dass man gefragt wird:

¿Ti|c|nequi ti|qu|itta|z in tzapo|cuauh|tla/milli?
du-ihn-wollen du-ihn-sehen-z das Zapote-Baum-viel/Feld
Möchten Sie den Obstgarten/das Feld sehen?

¡Quemah ni|c|nequi, ni|mitz|tlazohcamachililia!
ja ich-ihn-wollen, ich-dir-danken·☺
Und ob ich möchte, vielen Dank!

Federschlange und Rauchspiegel

Religion ist ein zweischneidiges Thema, bei dem auf beiden Seiten – Indígena und Reisender gleichermaßen – sehr viel Unsicherheit herrscht. Allerdings gehört die Religion nach indianischem Verständnis ins tägliche Leben und ist in Form der spirituellen Welt das Gegenstück zur realen Welt – eben **ometeotzintli.**

Auf zwei weitere Aspekte indianischen Glaubens wird in den Kapiteln „In Ilhuitl – die Fiesta" und „In nahualli – der Schamane" eingegangen.

„Offiziell" sind die meisten Mexikaner Katholiken, was nicht bedeutet, dass sich nicht diverse Elemente der alten Kultur in die Religionsausübung hinübergerettet hätten. Das trifft vor allem bei den Indígenas zu, wobei das Ausmaß der Einflussnahme durch den alten Glauben stark variiert. Im alten Glauben gab es keine Götter im europäischen Sinne, sondern eher eine schamanische Weltauffassung. „Götter", wie **Quetzal|coatl** („Federschlange"), **Huitzil|opochtli** („Kolibriartige Linke" = Willenskraft) oder **Tezcatl i|poca** („Rauchspiegel") sind Symbole, die so genannte Essenzen (**teotl**) darstellen. **Tlaloc** ist das Wesen (Eigenart, Essenz) des Wassers, wie sie in Wolken, Flüssen, Schnee oder Eis vorkommt, aber kein Regengott. Diese Auffassung hat sich in einigen Volksgruppen erhalten und wird z. T. durch die Anbetung katholischer Heiliger bis heute praktiziert. Mittler zwischen der spirituellen und der realen Welt waren und sind die **Nanahualtin,** die Schamanen. **Teotl** wird heute auch im Sinne von „Gott" verwendet.

Quetzalcoatl

Huitzilopochtli

Bitte bedenken Sie, dass die Indígenas längst nicht alle Aspekte ihrer Kultur mit Fremden teilen; religiöse Ansichten, von Zeremoniellen ganz zu schweigen, gehören ganz eindeutig dazu. Daher ist es als höchste Ehre und Beweis von Vertrauen anzusehen, wenn man sich mit dem Traveller über diese Themen unterhält.

In Mexiko wirken weiterhin viele Kräfte, um die Indígenas in irgendeine religiöse Richtung zu „bekehren“. Ironischerweise machen sich in diesem Zusammenhang gerade Fremde „verdächtig“, die eine Indianersprache sprechen. Stellen Sie daher von vornherein klar, dass Sie nicht zum Missionieren gekommen sind.

Ahmo ni|*misionero,* **ahmo ni**|**c**|**nequi n**|**ihtahui**|**z** *religión*|**pan.**
nicht ich-Missionar, nicht ich-ihn-wollen ich-reden-z Religion-über
Ich bin kein Missionar, ich möchte nicht über Religion sprechen.

Sollte dieses Vorurteil dann aus der Welt geschafft und ehrliches Interesse vorhanden sein, hier noch passendes Vokabular:

Die Bezeichnung c(o)ruhtzi (Z, H) *für das „Kreuz“ ist natürlich eine Entlehnung aus dem Spanischen.*

teotl	Essenz
to|**teotl** (Z, H: Dius)	(unser) Gott
toteotahtzintli (Z, H: xanto)	Heiliger (körperlos)
teopixqui	Priester (Person)
teocalli	Kirche, Tempel
quixtiyano	Christ, christlich
yahui	Pilgerer
motlamanatlaliztli	Opfergabe
tlamana	Opfer darbringen
muzlimi	Muslim, moslemisch
mazchitli, muzlimicalli	Moschee
yexutl – xutiyo	Jude – jüdisch
petcaneztli, yexucalli	Synagoge

Über Straßen, über Wege

Trotz vieler Nahua-Sprecher in México, D. F., sind die Chancen, auf einen Nahua-Taxifahrer zu treffen, ziemlich gering. Für alle Fälle ein wenig Vokabular:

zacaliztli	Transport
temamani	Taxi
te|zaca|ni, *pesero*	Rutentaxi
JEMAND-transportieren-MACHER	
te|za|zaca|ni (Z: calmimilolli)	Bus
JEMAND-DOPP.-transportieren-MACHER	
nanyotl	U-Bahn
tlayacanqui	Fahrer
pano|ni	Fahrgast
vorbeikommen-MACHER	
nenactiliztli	Haltestelle
icelolintli, choloaqui	Auto
opochtica	links
yeccantica	rechts
melahuacatica (H: xitlahuac)	geradeaus

*In der Regel wird der Reisende kaum die Möglichkeit haben, Nahuatl auf dem Flughafen (***ehecatecoyan***) zu sprechen. Das Flugzeug heißt entweder* **tepöz|tototl** *oder* **tepöz|papalotl,** *also „Eisen-Vogel" oder „Eisen-Schmetterling".*

Geschrieben wird man diese Worte wohl nicht sehen, und oftmals werden auch im besten Españahuatl einfach die spanischen Ausdrücke verwendet.

¡Ma x|opochti|auh!
bitte !-links-gehen
Fahr nach links!

¡Ma xi|yeccanti|auh!
bitte !-rechts-gehen
Fahr nach rechts!

In der Regel wird der Reisende Mexiko entweder per Mietwagen (**icelolintli**), Bus (**tezazacani**) oder Zug (**tlaitquini**) erkunden. Entlegenere Regionen sind schwerer zu erreichen, und dann muss man vielleicht auf Pferd (**cahuayo,** Z: yo|catl), Esel (*burro*) oder das Maultier (*mula*) ausweichen. Benutzt man öffentliche Verkehrsmittel, so kauft man seine Tickets in der Regel auf Spanisch. Nahuatl sprechende Mitreisende kann man fragen:

Ma xi|nech|popolhui, ¿campa/iquin quiza|z in tezazacani/tlaitquini?
bitte !-mich-entschuldigen, wo/wann herauskommen-Z der Bus/Zug
Entschuldigung, wo/wann fährt der Bus/Zug ab?

¿Campa/iquin hualla|z?
wo/wann kommen-Z
Wo/wann kommt er an?

Yëh o|ya.
schon V-ging
Der ist schon weg.

¿Cuix ti|c|pano|z|queh Tlaxcallan?
ob wir-es-vorbeikommen-Z-MZ Tlaxcala
Kommen wir durch Tlaxcala?

¿Ni|hueliti ni|no|tlali|z nican?
ich-können ich-mich-setzen-Z hier
Darf ich mich hierhin setzen?

Wenn Sie nach dem Weg fragen, fragen Sie besser nicht: „Ist das der Weg nach ...?“; sollte der Sprecher das nämlich nicht wissen, will er sich Ihnen gegenüber keine Blöße geben und wird bejahen. Fragen Sie daher lieber:

Yehhuatl in öhtli ¿ihuicpa campa yauh?
er der Weg nach wo gehen
Wohin führt dieser Weg?

¿Quenami in öhtli?
wiegestalt der Weg
Wie ist der Weg?

¿Cuix cualli/ohui icca in öhtli?
ob gut/schwierig irgendwann der Weg
Ist der Weg gut/gefährlich?

¿Önca (H: eltoc) **oc|ce öhtli?**
dort (ist) noch-eins Weg
Gibt es einen anderen Weg?

¿Cuix oc huehca?
ob noch weit
Ist es noch weit?

¿Quexquich ca in Coa|tepe|c?
wieviel sein der Schlange-Hügel-in
Wie lange noch bis Coatepec?

¿Tlein i|toca inin altepetl?
was sein-Name diese Stadt
Wie heißt diese Stadt (dieses Dorf)?

Ist man mit dem Auto in entlegenen Regionen unterwegs, sollte man immer voll tanken, denn die nächste **nelchiamacalli** *(Tankstelle) kann weit entfernt sein.*

tanken

¡Pexonqui, ni|mitz|tlatlauhtia!
gefüllt, ich-dich-bitten
Voll, bitte! (beim Tanken)

¡Ma xi|tla|pexoni!
bitte !-ETWAS-füllen
Bitte voll tanken!

Wenn's schon zu spät ist:

N|icelolin o|qui|cen|tlami in nelchiamatl.
mein-Auto v-ihn-vollständig-beendete das Benzin
Meinem Wagen ist das Benzin ausgegangen.

Fachmännisch wird über kaputte Autos meist auf Spanisch gesprochen.

chiamatl	Öl
nelchiamatl	Benzin
pitzahuachiamatl	Diesel
nelchiama|calli *Benzin-Haus*	Tankstelle
tlilli *schwarz-werden*	kaputtgehen
tlapahtia	reparieren
tlapahtiani	Mechaniker
tlapahticalli	Werkstatt

Himmel, Erde, Wasser & Wind

Die landschaftliche Schönheit Mexikos ist immer wieder atemberaubend, ganz egal, ob man sich in der Wüste, in der Sierra oder im Urwald befindet. Dementsprechend sollte man das passende Vokabular fürs Schwärmen parat haben:

Himmel

ilhuicatl	Himmel
cemanahuatl	Universum
tonalli, tonatiuh	Sonne, Tag
metztli	Mond
oquizaco metztli	Neumond
tlapanqui metztli	zunehmender Mond
ohueix metztli	Vollmond
metztli inecuepaliz	abnehmender Mond
yohual|li	Nacht

citlallin (Mz: **ci|citlal|tin**)	Stern
popoca citlallin	Komet
ayauhcozamayotl	Regenbogen
tlanexillotl	Licht, Helligkeit
mixtli (Mz: **mi|mix|tin**)	Wolke

Erde

tlalli	Erde
tlatzalan	Canyon
tlalhuactli	Insel
tepetl	Hügel, Berg
tepetla	Kordillere
tetl	Stein
tzonyotl	Spitze
ixtlahuatl	Tal
öhtli	Weg
xalli	Sand
xal|pan *(Sand-auf)*	Strand

Wasser

atl	Wasser
ameyallotl	Quelle
amanalli	Teich
huey a|tezcatl *groß Wasser-Spiegel*	See
huey|atl *groß-Wasser*	Meer
ilhuica|atl *Himmel-Wasser*	Ozean
a|cueyötl *Wasser-Rock*	Welle
atoyac	Fluss
a|tentli *Wasser-Lippe*	Ufer

Wind

ehecatl	Wind
ehecamalacatl	Wirbelwind
ehecacohuatl	Hurrikan
temamauhtli	Sturm
tetlahtzini	Donner
tlapetlaniliztli	Blitz
ayahuitl	Nebel
quiahuiztli	Regen
quiahuitl	Regenguss
tecihuatl	Hagel
cepayahuitl	Schnee

Ca cecelic in atl huey a|tezca|co.
sein kalt das Wasser groß Wasser-Spiegel-in
Das Wasser im See ist kalt.

Cenca nech|pactia in totonqui/cecuiz/ tlacuechnahuiliz cahuitl.
sehr mir-gefallen die heiß/kalt/regnerisch Zeit
Ich mag das warme/kalte/regnerische Wetter sehr.

¿Cuix quiahui|z in axcan?
ob regnet-z das jetzt
Wird es heute regnen?

O|mo|pilo ce temamauhtli.
v-sich-erhob eins Sturm
Ein Sturm ist aufgezogen.

¿Ni|hueliti ni|tleco|z inin tepe|pan?
ich-können ich-steigen-z dieser Hügel-auf
Darf ich auf diesen Hügel steigen?

Yeceh önca (H: eltoc) **coatl ompa.**
aber dort (ist) Schlange dort
Aber da gibt es Schlangen.

Viel Anerkennung erntet man, wenn man mit Lob und Bewunderung nicht spart:

Mo|tlal|nan|tzin huey mo|huëlneci|lia.
dein-Land-Mutter-☺ groß sich-wunderschön·aussehen-BETREFFEN
Dein Land ist groß und wunderschön.

der Regenbogen, die Farben

Mit den Farbbezeichnungen ist das so eine Sache, denn das Nahuatl nuanciert Farben in allen Schattierungen und kennt natürlich viel mehr als der **ayauhcozamayotl** (Regenbogen); hier zunächst die wichtigsten:

cöztic	gelb
xoxouhtic	grün
texötic	blau
camotic	lila
chichiltic	rot
tlapalpoyactic, xöchipaltic	orange
tlaztlehualtic	rosa
yetic, coyotic	braun
iztac (H: chipahuac)	weiß
tliltic (H: yayahuic)	schwarz
nextic	grau
cuicuiltic, tlapahpaltic	bunt

Die Farbbezeichnungen stammen in der Regel von Hauptwörtern ab, z. B. **yetl** (Tabak), **chilli** (Chili) oder **nextli** (Asche), d. h. **yetic** bedeutet so viel wie „tabakfarben“ usw. Diese Art von Vergleichen gibt es sehr viele; hier nur einige davon:

Der Quetzal (Pharomachrus mocinno) ist ein intensiv grün und rot gefärbter Vogel, der in Mesoamerika als besonders verehrungswürdig galt.

quetzaltic *quetzalfarben*	schimmernd grün
quiltic *krautfarben*	hellgrün
matlaltic *dunkelgrünfarben*	dunkelgrün
xiuhtic *türkisfarben*	hellblau
cözticapetztli	goldgelb
ayupatic *amethystfarben*	lila-orange
tlapaltic *rubinfarben*	intensiv rot
tletic *feuerfarben*	hellrot
caxtlahuic *ockerfarben*	ockergelb
cuapachtic *kastanienfarben*	dunkelbraun

Obendrein wird mancherorts nicht klar zwischen grün und blau unterschieden.

In der aztekischen Sichtweise haben die Farben übrigens starken Symbolwert; so ist z. B. in der Huasteca rot mit der Sonne oder grün mit der Erde verbunden.

Flora & Fauna

Mexikos großer Reichtum an z. T. einzigartigen Tier- und Pflanzenarten liegt darin begründet, dass zwei große zoogeographische Regionen aufeinandertreffen.

Doch Vorsicht! Die Wildnis kann ganz schön wild sein, auch in Mexiko. Ein **ocelotl** (Ozelot), gar ein **te|cua|ni** (Jaguar, *JEMAND-essen-MACHER*) wird dem Reisenden wohl im Nahua-Sprachgebiet kaum über den Weg laufen, aber ein **miztli** (Puma) oder ein **tlaca|may|e te|cua|ni** (Bär, *Mensch-Hand-Besitzer JEMAND-essen-MACHER*), auf dem falschen Fuß erwischt, kann ziemlich ungemütlich werden. Solche Begegnungen sind allerdings die großen Ausnahmen. Es sind eher die kleinen, gut getarnten Tiere, die einem das Leben schwer machen.

Auch das beste Hotel ist nicht vor den Skorpionen (**colotl**) gefeit. Im Volksmund geht man davon aus, dass sie umso giftiger sind, je heller sie gefärbt sind. Die Bisse einiger Spinnen (**tocatl**) können allergische Reaktionen hervorrufen. Darüber hinaus gibt es Skolopender, meist als **petla|zol|coatl** (*Matte-Schaden-Schlange*) bekannt, deren Biss ebenfalls giftig ist.

Oberstes Gebot: Erst unter Decke und Kopfkissen schauen, bevor man sich zur wohlverdienten Ruhe bettet. Steigt man morgens in seine Kleider und Schuhe, sollte man die vorher ausklopfen, um eventuelle Untermieter rauszuwerfen!

Draußen, in freier Natur gilt: Nichts berühren, was man nicht kennt! Das gilt sowohl für einige Pflanzen mit reizenden Säften wie auch für einige Tiere. **Azcatl** (Ameisen) und **quetzalmiahuatl** (Wespen) verfügen meist über Stachel, die diese durchaus effizient anzu-

Kniehohe Lederstiefel sind ganz nützlich gegen Schlangenbisse, zumindest bei solchen Exemplaren, die kürzer als 1 m sind, während längere Schlangen auch den (ungeschützten) Oberschenkel erreichen können.

wenden wissen. Die Borsten einiger Schmetterlingsraupen (**payatl**) können auch zu Hautreizungen führen. Als Kuriosum der mexikanischen Insektenfauna durchstreicht eine Art große Maulwurfsgrille (ca. 9 cm lang) das Erdreich und den Boden, die so genannte *cara de niño* („*Kindergesicht*"), so genannt, weil der orangene, große Kopf wie ein Porzellan-Puppenkopf aussieht. Ihre Bisse gelten als giftig, weil sie dabei Tetanus übertragen kann.

Als zweite Vorsichtsmaßnahme bei der Safari sollte man, auch wenn's schwer fällt, möglichst lange Kleidung tragen. Ein Hut mit breiter Krempe schützt vor **mazama|atemitl** (*Hirsch-Laus*, Zecken; H: tzipöhtli) und **moyotl.**

Mexiko ist reich an **coatl** (Schlangen), wobei aber die wenigsten Arten wirklich giftig und gefährlich für den Menschen sind. Es gibt jedoch viele Klapperschlangenarten (**teotlacohzauhqui**), die meist mit ihrem durchdringenden Rasseln auf sich aufmerksam machen. Gerade Maisfelder sind beliebte Aufenthaltsorte für Klapperschlangen, da sie dort viel Nahrung finden; das sollte man bedenken, wenn man „mal ins Maisfeld muss". Tragischerweise gibt es, vor allem in den tropischeren Regionen, Klapperschlangen ohne Klapper, die so genannte Viernasenschlangen (**nauyaque**), die als erwachsene Tiere oftmals länger als einen Meter werden, so dass ein Biss über den Stiefelschaft hinausgeht. Daher auch die letzte Grundregel für den Wandel in der freien Natur: Nach Möglichkeit niemals allein gehen!

Selbstverständlich beißen die Schlangen den Menschen nicht aus reiner Boshaftigkeit, sondern zur Verteidigung, also nur, wenn sie sich bedroht fühlen. In der Regel machen Spaziergänger sowieso viel zu viel Krach, so dass alle Schlangen das Weite suchen. Sollte man einer Schlange dennoch einmal Aug' in Aug' gegenüberstehen: Keine Panik, das merkt die Schlange nämlich und wird ihrerseits noch nervöser. Also Ruhe bewahren und sich langsam zurückziehen. Übrigens habe ich in elf Jahren Mexiko keine einzige Klapperschlange in freier Wildbahn zu Gesicht bekommen.

Mit den **moyotl** *(Mosquitos) hat man seine liebe Mühe. Sollte man in einem Hotel ein keckerndes, schuppiges Etwas an den Wänden entdecken, bitte nicht sofort das Management verklagen. Die Geckos oder* cuíjas *(***tecoixin***), sind fantastische Insektenjäger und halten die Bude frei von allerlei Krabbelzeug. Wir waren immer froh, ein Zimmer mit „Gecko vom Dienst" zu bekommen.*

Nicht alle Tiere stellen eine Gefahr für den Menschen dar; Mexiko ist ein auch ein Paradies für Vogelkundler. Obwohl der Name des **quetzal|tototl** *(schön-Vogel) aztekischen Ursprungs ist, bewohnt der Quetzal nur noch einige Nebelwälder im Süden Mexikos und Guatemalas. Bei den Mayas heißt er* yax-um k'uuk' (*türkisfarben-Vogel Quetzal*).

cuauhtli	Adler
azta|coyotl *Ameise-Kojote*	Ameisenbär, Tamandua
aca|tlöhtli *Schilfrohr-Falke*	Bussard
techalotl	Eichhörnchen
cuetzpalin (H: topitzi)	Eidechse
tecolotl (H: cuamohmöhtli)	Eule, Uhu
tlöhtli	Falke
michin	Fisch
(tlauh)quechölli	Flamingo
zayolin	Fliege
xohuilin	Forelle
cueyatl, calatl (Z: pechpechi)	Frosch
ozto|hua *Höhle-Besitzer*	Fuchs
chapölin	Grashüpfer
ayo|tochtli *Kürbis-Kaninchen*	Gürteltier
cihtli	Hase
mazatl	Hirsch
tlalacatl	Käfer
coyotl	Kojote
huitzitzilin	Kolibri
a|cuetzpalin *Wasser-Eidechse*	Krokodil, Alligator
tamazölin	Kröte
cuauh|cuetzpalin *Holz-Eidechse*	Leguan
tlacuatzin	Opossum
chimal|michin, ayötli *Schild-Fisch*	Schildkröte
tlaquipatli	Schleiereule

papalotl	Schmetterling (a.: Spielzeugdrachen)
epatl	Skunk, Stinktier
cuauhtotopotli	Specht
zölin	Wachtel
mapach	Waschbär
tetzon|michin *Haar-Fisch*	Wels
ocuilin (Mz: **ocuiltin**)	Wurm, haarlose Raupe

Die auffälligsten Vögel bei Überlandfahrten bleiben Geier (**tzopilotl**) und Reiher (**aztatl**). **Az|tlan** ist eigentlich überall, da viele Reiherkolonien direkt in kleineren Städten, und zwar auf großen Bäumen, nisten. Andere typische gefiederte Stadtbewohner sind, neben Spatzen (**molotl**), kleine Sperlingstäubchen (**cocotli**) und so genannte Purpurgrackeln (**tzanatl**), elstergroße irisierend-schwarzgefärbte Vögel, die wie eine Kreuzung aus Star und Rabe wirken. Darüber hinaus werden, seit den Zeiten von Motecuhzoma, gerne Ziervögel gehalten, darunter der Kanarienvogel (**cöztototl**), der rote Kardinal (**chiltototl**), verschiedene Singvögel (**tzocuil**) und Papageien, die unter den Namen **alo, töznenetl, tözoehne** oder **quiltototl** (Z: quili) bekannt sind. Beliebt sind auch Spottdrosseln, die in der Lage sind, die Gesänge anderer Vögel nachzuahmen. Auf Nahuatl heißt dieser Vogel dann auch „Besitzer von 400 Sprachen“ (**centzon|tlahtol|e**).

Nach den Überlieferungen stammt das Volk der **Mexicah** *aus* **Az|tlan** *(„Reiher-zwischen“), und demnach ließe sich Azteke als „Mensch aus Aztlan“ bzw. „Reihermensch“ übersetzen.*

¿Quenin i|toca inin?
wie sein-Name dieser
Wie heißt das?

Auch die Vegetation ist immer wieder faszinierend. In der Regenzeit grünt und blüht es von den Nadelwäldern im Hochland bis zu den Niederungen der Tropen in Veracruz, Guerrero oder Oaxaca.

xöchiocoztotl	Amberbaum
cuauhuitl	Baum
töllin	Binse
xöchitl	Blume
texutl	Busch
pochotli	Ceiba (Wollbaum)
oco|petlatl *Pinie-Matte*	Farn
cueptli, zacatl	Gras
olcuauhuitl	Gummibaum
nopalli	(essbarer) Kaktus
omi|xöchitl *Knochen-Blume*	Lilie
cetollin	Palme
ocotl	Pinie (auch: Kienspan)
poyomatli	Rose
acatl	Schilfrohr
chimal|xöchitl *Schild-Blume*	Sonnenblume
huitztli	Stachel
yöllo|xöchitl *Herz-Blume*	Weihnachtsstern
ohuatl	Zuckerrohr

Die Milpa – Landwirtschaft

Zum Überleben betreiben die meisten Nahua Landwirtschaft, mancherorts auch Viehzucht. Im Vordergrund stehen Mais, Bohnen, Zucchini, Chilis, Zitrusfrüchte und anderes Obst, Zuckerrohr, Erdnüsse und etwas Kaffee und Tabak. Angebaut wird auf dem Feld (**milli**) mit Hilfe eines Pflanzstockes, dem **huictli** oder **toccuahuitl** (Z, H: chuzo, coa).

¿Tlein mo|izcalti mo|mil|pan?
was sich-wachsen dein-Feld-auf
Was wächst bei dir/Ihnen auf dem Feld?

Die meisten Feldfrüchte sind unter „Essen & Trinken" und „Kaufen & Handeln" aufgeführt. Viele Indígenas bewirtschaften ihre Felder an den Berghängen, den so genannten tlacolol (Z) oder texcal (Z). Mais wird in der Trockenzeit (H: tonalmilli) und in der Regenzeit (H: xopamilli, xopa) ausgesäht.

Die typischen Kornspeicher (Z: cozcomatl, cuexcomatl, bezcomatl) *in den Nahua-Dörfern von Morelos, die wie umgedrehte Flaschen aussehen, sieht man nur noch selten.*

Die Landwirtschaft ist natürlich auch Teil von **ometeotzintli,** hat also auch eine spirituelle Seite, die in der Verehrung der Naturessenzen und der Durchführung von Fruchtbarkeitsritualen (s. „In Ilhuitl – die Fiesta") ihren Ausdruck findet. Daher wird der Mais auch als etwas „Lebendiges" empfunden, was dem Volksglauben zufolge auch dazu führt, dass Mais bei lieblosem Umgang „weint". Ähnlich wie beim Reis in Südostasien gibt es auch beim Mais eine Menge Spezialvokabular. Lassen Sie sich einmal den Unterschied zwischen **xilotzoncalli** und **elotzoncalli** erklären!

Nach dem für Rinder gezeigten Schema kann man natürlich jedes Tier näher bestimmen; so bedeutet **oquich|ixcatl** *„Schafsbock" oder* **pitzo|conetl** *„Ferkel". Hängt man ein* **-pixqui** *an den Tiernamen, erhält man den Hirten:* **cuacuauh|pixqui** *(„Rind-Halter", Rinderhirte).*

tepancalli	Auslauf (umzäunt)
cuacuah|qui (Z: cuacuahueh) *Horn-Besitzer*	Rind
cihua|cuacuah|qui *Frau-Horn-Besitzer*	Kuh
oquich|cuacuah|qui *Mann-Horn-Besitzer*	Stier
conetl	Jungtier
cuacuauh|tentzone *Horn-bärtig*	Ziege
ichcatl (Z: meton) *Baumwolle*	Schaf
pitzotl, cochi|ni	Schwein („Schläfer")
cahuayo (Z: yolcatl)	Pferd
burro	Esel
mula	Muli
tochtli	Kaninchen
totolin (Z: cuanaca, Z: caxtilantototl, H: pio)	Huhn
huexolotl (Z: totolin, H: palach)	Truthahn
canauhtli	Ente
tlalalacatl	Gans
huilotl	Taube
itzcuintli (Z, H: chichi)	Hund
mizton	Katze
quimichi	Maus

Übernachten

In den Hotels wird sich Nahuatl auf den einen oder anderen Angestellten beschränken. In Puebla gibt es einige wenige Gasthäuser (**tlacelo|calli**), die von Nahuas unterhalten werden. In der Regel wird jedoch Spanisch gesprochen. Das nachfolgende Vokabular ist eher für den Fall gedacht, dass man in einem Dorf unterkommen möchte.

¿Campa chantia ce calqui?
wo wohnen eins Amtsperson
Wo wohnt ein Amtsträger?

Nachdem man sich bei der Dorfobrigkeit vorgestellt hat, kann man fragen:

Tla xi|nech|popolhui, ¿ni|hueliti ni|cochi|z nican inin altepe|pan?
bitte·☺ !-mich-entschuldigen, ich-kann ich-schlafen-z hier dieses Dorf-auf
Entschuldigung bitte, darf ich hier im Dorf übernachten?

Ni|c|nequizquia ni|no|cahuaz ome tonal|pan.
ich-ihn-wollen·☺ ich-mich-bleiben zwei Tag-auf
Ich würde gerne zwei Tage bleiben.

Pani ca, ni|qui|tlaxtlahuili|z i|pampa inin.
oben sein, ich-ihn-bezahlen-z sein-wegen dieser
Natürlich werde ich das bezahlen.

(oder:) **Pani ca, amo|tech ahci|z in amo|tlaltecutli.**
oben sein, euch-für erreichen-z der eure-Lohn
Natürlich werde ich das bezahlen.

Meist wird man irgendwo privat oder in einem öffentlichen Gebäude unterkommen.

¡Tla xi|nech|mati in campa ni|cochi|z!
bitte·☺ !-mir-wissen das wo ich-schlafen-z
Zeigen Sie mir bitte, wo ich schlafen kann.

In einfachen Haushalten sind die Böden mit geflochtenen Matten (**petlatl**) ausgelegt.

Wo möglich, wird zwischen „waschen“ und „duschen“ kein Unterschied gemacht. Man darf allerdings nicht vergessen, dass viele Nahua-Dörfer weder Strom noch fließend Wasser haben! Hier ist es ratsam, sich an die Gegebenheiten anzupassen.

Ni|c|nequi ni|no|alti|z; ¿campa ni|hueliti ni|qui|chihua|z inin?
ich-ihn-wollen ich-mich-waschen-z, wo ich-können ich-ihn-machen-z dieses
Ich möchte mich waschen (duschen); wo kann ich das tun?

Ni|c|nequi ni|no|ixamia.
ich-ihn-wollen ich-mich-Gesicht·waschen
Ich möchte mir das Gesicht waschen.

Ni|c|nequi ni|no|matequi.
ich-ihn-wollen ich-mich-Hände·waschen
Ich möchte mir die Hände waschen.

Letzterer Ausdruck, etwas verstohlen und mit vielsagendem Blick geäußert, kommt auch der Frage nach dem „Örtchen“ gleich.

¡Ma cualli yohualli!; axcan ni|cochi|tihui.
bitte gut Nacht, nun ich-schlafen-HIN
Gute Nacht, ich gehe nun zu Bett.

<table>
<tr><td>cochi|hua|yan
schlafen-Besitzer-Platz</td><td>Schlafzimmer</td></tr>
<tr><td>cochiantli</td><td>Bett</td></tr>
<tr><td>cuaicpalli</td><td>Kissen</td></tr>
<tr><td>cuachtli</td><td>Laken</td></tr>
<tr><td>tlapatitli</td><td>Decke</td></tr>
<tr><td>chantlaquitl</td><td>Möbel</td></tr>
<tr><td>icpalli</td><td>Stuhl</td></tr>
<tr><td>tlacuahuapallitl</td><td>(Ess-)Tisch</td></tr>
<tr><td>tla|cua|yan
ETWAS-essen-Platz</td><td>Esszimmer</td></tr>
<tr><td>tenihzaloyan</td><td>Frühstücksraum</td></tr>
<tr><td>tlatzacuillotl</td><td>Tür</td></tr>
<tr><td>tlattoyan</td><td>Fenster</td></tr>
<tr><td>tzaccayotl</td><td>Schlüssel</td></tr>
<tr><td>atlapoloni</td><td>Wasserhahn</td></tr>
<tr><td>tlahuiloni</td><td>Lampe</td></tr>
<tr><td>tlahuil|tetl
Licht-Ei</td><td>Glühbirne</td></tr>
<tr><td>tlepiaztli</td><td>Kerzenständer</td></tr>
</table>

Ca catzahuac inin cuaicpalli.
sein schmutzig dieses Kissen
Dieses Kissen ist schmutzig.

Ma ti|nech|mo|maquili oc|ce chipahuac.
bitte du-mir-sich-geben·☺ noch-eins sauber
Geben Sie mir bitte ein sauberes.

Ca macauhqui inin icpalli.
sein gesplittert dieser Stuhl
Dieser Stuhl ist kaputt.

In tlahuil|tetl tlilli.
das Licht-Ei schwarz·werden
Die Glühbirne ist kaputt.

¿Quenin quiza|z in ten|ihza|lo|ni?
wann herauskommen-Z der Lippe-aufwecken-PASS.-MACHER
Wann gibt es Frühstück?

Taco & Tortilla

Die mexikanische Küche ist ausgesprochen vielfältig, und in der Regel ist für jeden Geschmack etwas dabei. Da man weder im Fast-Food- noch im Nobel-Restaurant Nahuatl braucht, orientieren wir uns an den Ständen auf dem Markt und an Einladungen nach Hause.

tenihzaloni – das Frühstück

necuhtli	Honig
(totol)tetl (H: tequixtli)	(Hühner-)Ei
tlatzoyonilli tetl *gebraten Ei*	Spiegelei
pozonqui tetl *gekocht Ei*	gekochtes Ei
caxtillan|tlaxcalli *Spanien-Fladen*	Toastbrot
ceceyotl	Butter, Margarine
tetzahuacqui	Käse

tenihzaloni *(Frühstück) bedeutet wörtlich übersetzt sehr poetisch „womit man die Lippen weckt".*

„Brot" ist in den meisten Fällen Toastbrot nach amerikanischem Vorbild, also fluffig, weich ... und nichtssagend.

Beliebte Auflagen sind Erdbeermarmelade (*mermelada de fresas*), Salami und Kochschinken (*jamón cocido* oder *jamón York*). Ein traditionelleres Frühstück besteht aus **tlaxcalli** (*tortillas*), **tlatzoyonilli tetl, etl** (Bohnen) und **chilmölli** (*salsa*).

rund ums Essen

Topf & Deckel, Geschirr & Besteck

caxitl, caxpechtli	Teller
tlahuanoni	Tasse
tlacuaneconi	Besteck
tlateconi	Messer
tlatzitzquini	Gabel
xömatl (Z: cuahneloani)	Löffel
comitl (Z: tlacualcaxitl)	Topf
zoquicomitl	Tontopf
tzotzocolli (Z: xaloh)	Tonkrug
apilolli	Becher
atlihuantli, tlayuani	Glas
pitzcomatl	Flasche
tecomatl	Behälter
tepöz|comatl *Eisen-Behälter*	Dose
necuhtlachichihualli	Konserve

In Mexiko wird auf dem Land oft mit dem Löffel gegessen. Entweder sind die Speisen so durchgekocht, dass man sie mit dem Löffel teilen kann, oder die Gerichte werden auf Tortillas gelöffelt, die dann zu Tacos zusammengerollt und mit der Hand gegessen werden. Beim Taco-Essen darauf achten, dass die Soße nicht aus dem anderen Ende des Tacos herausläuft!

quilitl – Gemüse

huauhtli	Amaranth
ahuacatl	Avocado
ayäcotli	Bohnen
etl	schwarze Bohnen, Wachtelbohnen

chilli	Chili
tlal|xocotl *Erde-Apfel*	Kartoffel
coyo|xöchitl *Kojote-Blume*	Knoblauch
ayo|xöchitl	Kürbis-Blüten
elotl	Maiskolben
tlaölli, tlayölli	Maiskörner
cahtzotl	Maniok, Yucca
nanacatl	Pilz
centacatl	Salat
camotli	Süßkartoffel
xi|tomatl *Jahr-Tomate*	Tomate
izhua|tomatl *Blatt-Tomate*	Tomatillo, grüne Tomate
ayo|tontli *Kürbis-☹*	Zucchini
xo|nacatl *Fuß-Fleisch*	Zwiebel

Etwas Besonderes ist der **cuitlacochin,** *ein schwarzgrauer Pilz, der auf Maiskolben wächst und ebenfalls gegessen wird.*

xöchicualli – Früchte

matzatli	Ananas
xocotl	Apfel
zapalotl (Z: tzapalolli, H: cuaxilotl)	Banane
chicuali	Dattel
tlal|cacahuatl *Erde-Kakao*	Erdnüsse
ayotetl	Honigmelone
alaxoxtli	Orange, Zitrusfrüchte
xocomeca|yöllotl *Traube-Herz*	Weintraube

Weitere Obst- und Gemüsesorten stehen im Kapitel „Kaufen & Handeln".

nacatl – Fleisch, Fisch, Traditionelles

Ein Tipp für Experimentierfreudige: Was gut gekocht ist, kann höchstens schlecht schmecken, nicht aber krank machen. Grashüpfer schmecken z. B. nussig, und Querzahnmolch gibt es nur noch selten, dann im Taco.

nacatl	Fleisch
cuacuauhnacatl	Rindfleisch
cucuah|tepiton i|nacatl	Kalbsfleisch
Rind-Kindchen sein-Fleisch	
cochnacatl	Schweinefleisch
ixcanacatl	Lammfleisch
totolin	Huhn
huexolotl	Truthahn
iciciotca	Brust
atlapalli	Flügel
metztli	Keule
icxitl	Hühnerfüße
elli	Leber
michin	Fisch
itiehuayotl	Fischfilet
tentzonmichin	Wels
iztacmichin	Weißfisch
xohuilin	Forelle
acachatl, acamaye	Garnelen
acocilin	Süßwasserkrabbe
ayotochi	Gürteltier
tlatectin	Insekt
azcamölli	Ameisenbrut
chapöllin	Grashüpfer
axolotl	Querzahnmolch
coatl	Schlange

Gürteltiere? Ein Festbraten! Ameisenbrut? Eine hochbezahlte Delikatesse! Einige Highlights der mexikanischen Küche muten für den europäischen Gaumen gewöhnungsbedürftig an. Dabei sind Insekten hochwertige Proteinliferanten; in Mexiko kennt man über

300 essbare Insektenarten! Der mexikanische, zahnlose Nackthund (**xoloitzcuintli, techichi**), Fleischliferant aus Motecuhzomas Zeiten, landet allerdings heutzutage mehr auf Hundeschauen als im Topf. Fleisch wird übrigens von vielen Nahuas traditionell nur zu Festen gegessen.

tlailli – Getränke

achipactli	reines Wasser
memeyallotl	Milch
tlaixotl	Sahne
chocolatl	Kakao
ahuiacatl	Kräutertee
chaotl	schwarzer Tee
caputzli	Kaffee
cecelli	Softdrink
techichic	alkohol. Getränk
achichic, chichicatl	Bier
octli	Wein
meoctli (Z: neuctli)	*pulque*, vergorener Agavensaft
refino	Zuckerrohrschnaps

mexihcatlacualtzintli – mexikanische Spezialitäten

mölli – (wörtl. „Sauce, Gericht, Brühe"); enger gefasst ist **mölli** eine schwere Sauce mit Chilis, Gewürzen und Schokolade, die mit Reis, Gemüsen und Fleisch serviert wird (span. *mole*).

ahuacamölli – *guacamole*, ein Dip aus Avocado, Tomaten und Zwiebeln.

Ohne **tlaxcalli,** *die Maisfladen (Tortillas), geht eigentlich nichts; schier endlos sind die Zubereitungsarten dieses Grundnahrungsmittels.*

emölli, etzalli – Bohnengerichte mit Mais.

epahuaxtli – *frijoles charros,* eine Art *chile con carne,* aber um Längen besser!

etextli – *frijoles refritos,* ein Bohnenbrei als Beilage.

cihnacaetzalli – Haseneintopf.

tlaoyo – *empanada,* Teigtaschen.

tlacoyo (Z: tlahtlayoyo) – eine dickere, länglichere Tortilla, reich belegt.

barbacoa – Fleisch aus dem Erdofen.

tlahuatzal nacatl – *cecina,* Dörrfleisch.

tamalli – tamales, Maisteig, in Mais- oder Bananenblättern gedämpft. Es gibt sie süß (**tzopelic tamalli**) oder herzhaft (**möltamalli, nacatamalli**). Zacahuilli sind spezielle **tamalli** aus der Huasteca.

chilaquilli – getrocknete *totopitos* (in Deutschland als Taco-Chips bekannt) mit Chili-Sauce und zerfasertem Hühnerfleisch; gibt es als **chichiltic chilaquilli** oder **xoxouhtic chilaquilli**, also in rot oder grün. *Chilaquiles estilo suizo* (schweizer Art) sind mit saurer Sahne und Käse überbacken.

Übrigens: Tortillas und andere Maisgerichte gibt es nicht nur aus dem auch uns bekanntem gelben Mais (**tlaolli, cëntli**), sondern auch aus einer roten Sorte (**chichilcëntli**) und sogar einer in blau-lila (**yahuitl cëntli**). Der Maisteig (**textli**) ist dann blau-grün und wirkt auf den ersten Blick schimmelig. Nur keine Angst, es schmeckt trotzdem!

Yëh öncan (H: eltoc) **inic tla|cua|lo|z.**
schon dort (ist) damit ETWAS*-essen-*PASS.*-*Z
Es ist Essenszeit.

¿Ti|mo|tla|cua|l|ti|z|nequi?
*du-dich-*ETWAS*-essen-*BETREFFEN*-*MACHEN*-*Z*-wollen*
Möchtest du etwas essen?

¿Ti|m|i|ti|z|nequi?
*du-dich-trinken-*MACHEN*-*Z*-wollen*
Möchtest du etwas trinken?

Übrigens: Will man ein Verb mit **nequi** *(wollen) kombinieren, wird immer ein* **-ti|z-** *(-MACHEN-Z-) dazwischengesetzt.*

Zazo tlein, tlein onyez.
egal was, was gäbe
Irgendetwas, was auch immer.

Na ja, so ganz vertrauensvoll sollte man sich bei Getränken nicht geben:

¿Cuix ca huël pozonqui in atl?
ob sein sehr gekocht das Wasser
Ist das Wasser auch abgekocht?

N|amiqui.
ich-dürsten
Ich habe Durst.

Ni|mayana.
ich-hungern
Ich habe Hunger.

Wer jetzt ans Sterben (**miqui**) denkt, liegt nicht einmal so falsch, denn **amiqui** (**a|tl** + **miqui**) trägt die Idee in sich, dass man aufgrund von Wassermangel sterben könnte. Ähnlich ist es mit dem „Hunger haben“.

Brennt der Hunger so richtig in den Gedärmen, kann man diesem Gefühl durchaus Ausdruck verleihen. Durch die Silbe **-miqui** *gewinnen die Verben an Dramatik.*

Yëh n|apiz|miqui.
schon ich-Hunger-sterben
Ich habe großen Hunger, ich habe Schmacht.

In der Regel wird die Dame des Hauses irgendetwas vorsetzen können, zumindest **tlaxcalli ican iztatl** (Tortillas mit Salz). Na dann:

¡Ma cualli x|onahui(|can)!
bitte gut !-genießen(-MZ)
Guten Appetit! (zu einer [mehr] Person[en])

¡Pacayeliz|tica!
Freude-mit
Zum Wohle!, Prost!

¡Tla xi|nech|maca ce tlaxcal|tzintli!
bitte·☺ !-mir-geben eins Tortilla-☺
Geben Sie mir bitte eine Tortilla!

¡Tla xi|nech|hual|cui|li in a|tzintli!
bitte·☺ !-mir-zu·mir-nehmen-BETREFFEN das Wasser-☺
Geben Sie mir bitte etwas Wasser!

Tlaxcal|tzintli, a|tzintli? Warum die Respekt-Partikel an so etwas Profanem, wie Tortillas oder Wasser? Ganz klar: Weil diese Lebensmittel Hunger und Durst stillen, wird ihnen Wertschätzung und Achtung entgegengebracht. Wer nach Stunden in der glühenden Sonne der Sierra ein kühles Glas Wasser, vielleicht sogar mit einem Spritzer Limone, kredenzt bekommt, wird den Sinn und Zweck von **a|tzintli** verstehen! Bei größeren Anlässen wird übrigens die erste **tlaxcalli** den Hunden zu fressen gegeben, als Opfer für Mutter Erde.

Nech|pactia inin tlacualli.
mir-gefallen dieses Essen
Mir schmeckt dieses Gericht.

Ca huelic in tlacualli.
sein lecker das Essen
Das Essen schmeckt lecker.

itzayo	salzig	**tzopelic**	süß
chichic	bitter	**xococ**	sauer
totonic	heiß	**cococ**	scharf
ahuiac	wohlriechend		

Vor allem scharfes Essen (**cococ tlacualli**) ist so mancher Reisender nicht gewöhnt. So kann es zu dieser Bitte kommen:

¡Ma tepitzin a|tzintli xi|nech|mo|tlaocöl|ili!
bitte wenig Wasser-☺ !-mir-dich-Hilfe-BETREFFEN
Komm mir bitte mit etwas Wasser zur Hilfe!

Weitere beliebte Hilfsmittel bei der *enchilada* sind Zitruswasser (**xoxocatl**), saure Sahne (**tlaixotl**) oder Brot (**caxtil|tlaxcalli**).

Axcan n|ahuia.
jetzt ich-zufrieden·sein
Nun bin ich satt.

N|eltenqui.
ich-Bauch·gefüllt
Ich bin übersatt.

Küchen-Nahuatl

tenihza [tenihzac]	frühstücken
cua [cua]	essen
cochcayotl	Abendessen
cochcayotia [cochcayoti; ni|no]	zu Abend essen
tzacuani	Nachtisch
tzopelli	Zucker
panela	grober Zucker
iztatl	Salz
xocoxöchitl	Pfeffer
texochilli	Chilipulver
ohua|tontli *Zuckerrohr-☹*	Zimt
xocotl	Essig
chiyahualli	Öl
chiyahualcayotl	Schmalz
itacatl	Lunchpaket für unterwegs
tlecuitl (Z: tlecuil)	Feuerstelle
cuauhuitl	Feuerholz
tle|tzintli *Feuer-Boden*	Ofenglut
tlaxquitl	Grillen, Grillfest
tlehuatza [tlehuatz]	grillen
tecoli	Kohle
comalli	traditionelle Herdplatte
mölcaxitl (H: chilcaxitl)	*molcajete*, Steinreibe

oc|namaco|yan	Kneipe
Wein-verkaufen·PASS.-Platz	
tla|cua|lo|yan	Restaurant
ETWAS-essen-PASS.-Platz	
tla|cua|chihua|lo|yan	Küche
ETWAS-essen-machen-PASS.-Platz	
tla|cua|chihua|ni	Koch
ETWAS-essen-machen-MACHER	
te|tla|maca|ni	Kellner
JEMAND-ETWAS-geben-MACHER	
tlacualamatl	Speisekarte
tlacualhuapalitl	Esstisch
apitzotl	Völlerei
pozonia [pozoni]	kochen
tzoyonia [tzoyoni]	braten
tlatzoyonilli	gebraten
huël tlatzoyonilli	durchgebraten
achi tlehuacqui	medium
ayemo yuccic	roh
noch·nicht reif	

Ein Trinkgeld wird mit einem **yuhqui cualli ca** *(„dergestalt gut sein") auf dem Tisch liegen gelassen.*

Ni|c|nequizquia ni|tla|tlaxtlahuili|z.
ich-ihn-wollen·☺ ich-ETWAS-bezahlen-Z
Ich möchte zahlen.

Natürlich gibt es beim Essen und Trinken neben der reinen Sättigung auch einen spirituellen Aspekt – eben **ometeotzintli.** Dazu gehören die magischen bzw. heilenden Eigenschaften, die man bestimmten Kräutern, aber auch Wildbret zuschreibt, und die Gerichte, die man an Festtagen zubereitet, wie z. B. die Lieblingsgerichte der Verstorbenen zu Allerseelen.

Kaufen & Handeln

In großen Städten mit schicken Läden findet man als Nahuatlsprecher wenig Gesprächspartner. Dieses Kapitel ist daher vor allem dem Einkaufen auf dem **tianquiztli,** dem Markt, gewidmet. Der Handel mit allerlei Gütern ist den Azteken quasi in die Wiege gelegt worden. Zu Zeiten Motecuhzomas war der Beruf des **pochtecatl** (Fernhändler) äußerst angesehen, denn der Handel war eine der Säulen, auf die sich die Vormachtstellung Tenochtitlans begründete. Mit *tianguis* wird auch im Spanischen ein Wochenmarkt bezeichnet.

An Markttagen kommen in ländlichen Gebieten sehr unterschiedliche Ethnien zusammen. Ein Studienkollege, selbst Nahua aus der Huasteca, erzählte mir, dass sich zum **tianquiztli** *in seiner Region Nahuas, Huasteken, Totonaken und Mixes treffen. Diese Völker sprechen so unterschiedliche Sprachen, wie Russisch, Koreanisch und Hawaiianisch.*

¿Ti|mo|nahua|tlahtol|ilia?
du-dich-Nahuatl-Sprache-BETREFFEN
Sprechen Sie Nahuatl?

Kommt jetzt ein wanchi tuku lakaskinaatit?, núni rambo miben ya kosa, gwátha numuu kutyáan' nìràtzè? oder etwas ähnlich Unverständliches, hat man einen Indígena eines anderen Volkes vor sich (hier Totonaken, Otomíes und Amuzgos). Auch ein *no señor/señora/joven/señorita* bedeutet, dass man aufs Spanische zurückgreifen muss.

Leuchten die Augen des Gegenübers allerdings in Ungläubigkeit auf, und es kommt ein **quemah** (ja) oder gar ein **quemahcatzin** (jawohl) über seine Lippen, kann es losgehen.

Ist der Stand vielleicht gerade nicht besetzt, fragt man locker:

¡Ma cualli tonalli! ¿Aquin tla|namaca nican?
bitte gut Tag, wer ETWAS*-verkaufen hier*
Hallo, wer ist hier zuständig?

Im Idealfall meldet sich jemand mit:

¡Ni|nehhuatl!
ich-ich
Hier, ich!

Hat man etwas Interessantes in der Auslage entdeckt und kennt den aztekischen Begriff nicht, kann man natürlich darauf zeigen und fragen:

Tla xi|nech|popolhui, ¿quenin m|ihtoa inin nahua|tlahtol|copa?
bitte·☺ !-mich-entschuldigen, wie sich-sprechen dieser Nahuatl-Sprache-auf
Entschuldigung bitte, wie heißt das auf Nahuatl?

Mexiko wäre nicht Mexiko, wenn es nur eine Sorte Chilis gäbe. Um nur ein paar zu nennen: **milchilli** (*chile serrano*) ist länglich und schmal, **chilchotl** (*chile japaleño*) grün und kegelförmig, **cuauhchilli** (*chile de árbol*) rot, getrocknet und sehr scharf und **chilcotztli** (*chile habanero*) klein, gelb bis rot und ebenfalls sehr scharf.

Typische Nahua-Märkte sind z. B. Chicontepec im Bundesstaat Veracruz, Huejutla in Hidalgo, Tamazunchale in San Luis Potosí, Tetela de Ocampo oder Cuetzalan in Puebla.

Gerade auf ländlichen Märkten gibt es eine Vielzahl von Obst- und Gemüsesorten, die in Europa unbekannt sind, hier nur eine Auswahl. Viele dieser spanischen Begriffe sind in Wirklichkeit Lehnwörter aus dem Nahuatl, so genannte Nahuatlismen oder Aztekismen.

Nahuatl	Spanisch	Deutsch
capulin	*capulín*	Ananaskirsche
tzapotl	*zapote*	Breiapfel
matzapotl	*chirimoya*	Flaschenbaumfrucht
huauhquilitl	*quelite*	essbares Gänsefußgewächs
xalxocotl	*guayaba*	Guajaba
nopalli	*nopal*	essbarer Kaktus
nochtli	*tuna*	Kaktusfeige
tetzontzapotl	*mamey*	Mamey
tzaponochtli	*pitahaya*	Pitaya, Dragon Fruit
chian	*chía*	amerikan. Salbei
huauhxontli	*huauzontle*	(etwa) Stängelkohl
epazotl	*epazote*	mexikanisches Traubenkraut, Bohnengewürz
xicamatl	*jícama*	Yamsbohne

Als ausgezeichnete Durstlöscher kann ich **xicamatl, nochtli** und **tzaponochtli** empfehlen. Auf den Märkten werden sie meist gekühlt angeboten, und da sie mit der Schale verkauft werden, besteht kaum Risiko, an Motecuhzomas Rache zu erkranken.

¿Cuix ti|c|mo|piä|lia tlalcacahuatl?
ob du-ihn-dich-haben-BETREFFEN Erdnuss
Haben Sie Erdnüsse?

Nach dem Preis kann man wie folgt fragen:

¿Quem patio?
wie teuer
Wie teuer ist es?

¿Quem tlazoti?
wie teuer·sein
Wie teuer ist es?

¿Quexqui ti|mo|nequi|lia i|pampa inin?
wieviel du-dich-wollen-BETREFFEN sein-wegen dieser
Wie viel verlangen Sie dafür?

¿Quexqui i|patiuh ce ontlacotzontli?
wieviel sein-Bezahlung eins Kilo
Wie viel kostet ein Kilo?

Indianische Maßeinheiten sind von den metrischen Einheiten ersetzt worden, die man in ihrer spanischen Variante, aber auch auf Nahuatl verwenden kann.

tetontli	**ontlacotzontli**	**xicalli**
Gramm	Kilo	Liter

typische Situation auf dem tianquiztli (Markt)
(R = Reisender; M = Marktfrau)

R: **¡Ma cualli tlaneci, no|nan|tzin! ¿ Tlein ca inin?**
bitte gut Sonne·aufgehen, mein-Mutter-☺, was sein dieses
Guten Morgen, verehrtes Mütterchen. Was ist denn das da?

M: **¡Cualli, cualli! I|toca tzapotl, cenca huelic, cenca tzopelic.**
gut, gut, sein-Name Breiapfel, sehr lecker, sehr süß
Guten Morgen. Das sind Breiäpfel, sehr lecker und sehr süß.

R: **Ahmo ni|qu|ixmati. ¿Quem patio?**
nicht ich-ihn-kennen, wie teuer
Kenne ich nicht. Was kosten die denn?

M: **Matlactli tzapotl i|pan chicuace etilli. ¿Quezqui ti|mo|nequi|lia?**
zehn Breiapfel sein-auf sechs Peso, wieviel du-dich-wollen-BETREFFEN
Zehn Stück zu sechs Pesos. Wie viele wollen Sie?

Die mexikanische Währung, der Peso, heißt **pezo, pexo, etilli** *oder* **tomin,** *ganz nach Region.*

Natürlich schnellen die Preise oftmals, wie überall auf der Welt, etwas in die Höhe, wenn ein Tourist auftaucht. Da ist es von Vorteil, wenn man die Preise kennt, wie sie Einheimische bezahlen. Etwas Handeln muss schon sein, wobei bei Kunstgegenständen meist etwas mehr Nachlass als bei Lebensmitteln möglich ist. Die besten Geschäfte macht man, wenn man mehrere Dinge kauft und um einen Nachlass auf die Gesamtsumme bittet.

R: **¡Tla xi|nech|maquili macuilli!**
bitte·☺ !-mir-geben·☺ fünf
Geben Sie mir bitte fünf Stück.

M: **Nican ca. ¿Tlein oc achi?**
hier sein, was noch mehr
Hier, bitte. Was noch?

R: **¿Cuix önca** (H: eltoc) **matzatli?**
ob dort (ist) Ananas
Haben Sie Ananas?

M: **Quemah önca** (H: eltoc)**. Yeceh i|patiuh matlactli etilli.**
ja dort (ist), aber sein-Bezahlung zehn Peso
Ja, habe ich. Die kostet aber zehn Pesos.

R: **Cenca patio, miäc ti|mo|quitlami|tia.**
sehr teuer, viel du-dich-verlangen-MACHEN
Ganz schön teuer, Sie verlangen viel.

Ni|mitz|maquil|ti|z in tlacoh.
ich-dir-geben·☺-MACHEN-Z die Hälfte
Ich gebe Ihnen die Hälfte.

M: **Chicueyi etilli. Ahuël ni|c|te|maca|z tlacahmo i|ca izqui in.**
acht Peso, unmöglich ich-ihn-JEMAND-geben-Z bitte·nicht·☺ sein-mit alles der
Acht Pesos. Es tut mir Leid, aber ich kann es unmöglich für weniger verkaufen.

Tlacahmo ist eine höflichere Form von **macahmo** und drückt hier höfliches Bedauern aus. **Maquilia, maquiltia, maquitia** oder **macatzinoa** sind höflichere Varianten von **maca** (geben), vergleichbar mit unserem Verb „reichen".

R: **Cualli ca. Ni|mitz|maquil|ti|z matlactli etilli i|techcopa möchtin.**
gut sein, ich-dir-geben·☺-MACHEN-Z zehn Peso sein-auf alle
In Ordnung. Ich gebe Ihnen zehn Pesos für alles.

M: **Cualli ca, ¡ma xi|qu|itqui!**
gut sein, bitte !-ihn-mitnehmen
Okay, nimm sie mit!

R: **Cequi o|polihui|to.**
ETWAS V-fehlte-HIN
Da fehlt etwas.

Durch die Richtungsendung **-to** wird ganz genau ausgedrückt, dass der Fehler nicht auf der Seite des Sprechers auftauchte, sondern gewissermaßen zu ihm „hingekommen" ist.

Sollte man glauben, der Reisende könne mit der Währung nicht richtig umgehen und gibt z. B. zu wenig Wechselgeld, kann man mit **cequi opolihuito** *dezent darauf hinweisen.*

Souvenirs

Natürlich kann man auf Märkten und in kleinen Geschäften nicht nur Obst und Gemüse kaufen, sondern auch allerlei Kunsthandwerk.

amantecayotl	Kunsthandwerk
necuacehualiloni	Sombrero
apozonilloni	Rührstab für Kakao (*molinillo*)
tzotzocolli	Tongeschirr
cözcatl	Halskette
macuechtli	Armband
pipilolli	Ohrring
elcuauhyotl	Ring
cuacoconetl	Puppe

Materialien

cuauhuitl	Holz
tepöztli	Eisen
chichiltic tepöztli *rot Eisen*	Kupfer
tecoctli	Aluminium
teo|cuitlatl *Essenz-Exkrement*	Gold
itztac|teo|cuitlatl *weiß-Essenz-Exkrement*	Silber
zoquitl	Ton
tetl	Stein
itztetl	Obsidian
atzcalli	Muschelschale
eptapalcatl	Perlmutt
tec(u)ciztli	Schneckenschale
ep|yöllotl *Muschel-Herz*	Perle
tapachtli	Koralle
zotl	Stoff
ichcatl	Baumwolle
tohmitl	Wolle

Raucher

chichinami	Raucher
amacayetl, chi|china|lo|ni *DOPP.-saugen-PASS.-MACHER*	Zigarette
comoni|lo|ni *Feuer·fangen-PASS.-MACHER*	Streichholz
tletlalia|ni *Feuer·machen-MACHER*	Feuerzeug

Kleidung

tlacuipilli	Hemd
ayatl	T-Shirt
xicolli	Jackett
cicuilli	Jacke
teololiztli	Mantel
anquimaxtlatl	Hose
xoehuatl	Socke, Strumpf
(ehua)cactli	Schuh
ilpicatl	Gürtel
cueyötl	Rock
anquicueyötl	langer Rock
cuitontli	Minirock
tlanauhtli	Schlafanzug
macic tilmatli *komplett Kleidung*	Anzug
tlanitilmatli	Unterwäsche
cuechintli	Schal
mayehuatl	Handschuh
ixcualilpiloni	Stirnband
tlaxöchtli	Gürtel
maxtlatl	traditionelle Männerhose
huipilli	traditionelle Frauenbluse

quexquemetl	traditioneller Frauenüberwurf
maztahuatl	Frauenschmuck
cicihuilli	Poncho

Drogerieartikel

pah|namaco|yan *Heilmittel-verkaufen·PASS.-Platz*	Drogerie
amölli	Seife
tlan|amölli *Zahn-Seife*	Zahnpasta
tlan|paco|ni *Zahn-reinigen·PASS.-MACHER*	Zahnbürste

Fotografieren

Das Foto heißt **ixiptlatl** *(Stellvertreter). Nicht fotografieren darf man Militäranlagen, in der Metro und bei Fiestas. Im Zweifelsfall lieber nachfragen! Wer Filmmaterial verkauft oder entwickelt, der spricht auch Spanisch. Hier braucht man also kein Nahuatl.*

Selbstverständlich fragt man erst, ob man eine Person fotografieren darf, bevor man sie auf den Film bannt. Aber auch dann ist es nicht sicher, ob man auch eine Zustimmung erhält, da sich viele Indígenas nicht fotografieren lassen, weil sie um ihre Seele fürchten (*mal de ojo* „der böse Blick"). Einige lassen sich dieses Risiko allerdings bezahlen ...

¿Ni|hueliti ni|mitz|ixiptlahuia?
ich-können ich-dich-fotografieren
Darf ich Sie fotografieren?

¿Ni|hueliti ni|tla|ixiptlahuia nican?
ich können ich-ETWAS-fotografieren hier
Darf ich hier fotografieren?

In Ilhuitl – die Fiesta

Bei einer indianischen Fiesta (**ilhuitl** „Tag“) feiert man Leben und Tod, die Verbindung zwischen dem Natürlichen und dem Übernatürlichen, lacht und weint, ist nüchtern und betrunken ... man feiert **ometeotzintli** immer wieder neu. Es sind die **ilhuitl,** die maßgeblich zum Zusammenhalt der Dorfgemeinschaften beitragen. Gegenstand dieser absoluten Höhepunkte im Jahr der Nahua sind Fixpunkte im Agrarzyklus (z. B. Aussaat oder Ernte), Bittstellungen an die Elemente (z. B. Regen), katholische Feiertage und der Namenstag des Dorfheiligen.

Der weit über die Grenzen Mexikos bekannte Vogeltanz der voladores de Papantla, *ursprünglich ein totonakisches Ritual, wird mittlerweile auch von den Nahuas aufgeführt.*

Nican mo|qui|chihua ce ilhuitl.
hier sich-ihn-machen eins Tag
Wir machen ein Fest hier.

Axcan quiza ce ilhuitl.
heute herauskommen eins Tag
Heute findet ein Fest statt.

Ein **ilhuitl** besteht meist aus Gebeten, rituellen Tänzen in Kostümen und Masken, Essen und Trinken. Die Kostüme stellen bestimmte Gesellschaftsgruppen (Indígenas, Mesitzen, Kleriker, Berufsgruppen), aber auch Tiere dar und sind sehr symbolträchtig. Farben und Zahlen sind ebenfalls symbolisch zu bewerten.

In Ilhuitl – die Fiesta

Hinter diesen auf den ersten Blick christlichen Feierlichkeiten verbergen sich uraztekische Rituale, die in die heutige Zeit hineingetragen wurden. Hier nur eine kleine Auswahl.

Hinter *Corpus Christi* verbirgt sich die Danksagung an die Sonne.

An *Santa Cruz* (bei den Mexicaneros xuravét) wird der Agrarzyklus gefeiert.

Xöchitlaliztli und **etzalcualiztli** sind Erntedankfeste.

Mihcailhuitzintli (Z: mihcailhuitl, H: xantolo, auch *todos santos*) ist das Allerheiligenfest (s. u.).

Nahnahuatilli ist eine Art Karneval.

Organisiert (und bezahlt) wird der **ihuitl** meist vom *mayordomo* (auch **tlayecanquetl,** *carguero* oder *cófrade* genannt). Der wird auf ein Jahr bestimmt oder gewählt und ist für den Verlauf der Fiesta verantwortlich. Außerhalb der Festzeit muss er bestimmte Gebete verrichten und sich z. B. darum kümmern, dass der Dorfheilige immer frische Blumen hat. Er übernimmt quasi die Funktionen eines aztekischen Priesters. War die Fiesta ein Erfolg, steigt das Ansehen des *mayordomo*. Daher ist dieses Amt sehr beliebt. Er wird in der Vorbereitung des **ilhuitl** durch andere Amtsinhaber (**topilli,** *fiscal, capitán*) unterstützt.

Da es sich beim **ilhuitl** *um eine urindianische Tradition handelt, sollte man, soweit möglich, fragen, ob man wilkommen ist.*

Tla xi|nech|popolhui, ¿ni|hueliti ni|qu|itta|z inin ilhuitl?
bitte·☺ !-mich-entschuldigen, ich-können ich-sie-sehen-z diese Fiesta
Entschuldigung bitte, darf ich die Fiesta sehen?

Quenin ahmo, ti|mo|huiliti|tia.
wie nein, du-dich-können-MACHEN
Selbstverständlich darfst du.

Ahmo|tzin, inin ilhuitl zan to|tech, zan to|nepantla tehhunatin.
nein-☺, diese Fiesta nur uns-für, nur uns-inmitten·von wir
Nein, tut mir Leid, diese Fiesta ist nur für uns.

Wird der Genuss von Alkohol sonst argwöhnisch beäugt, so kann es bei manchen **ilhuitl** *zu einer Art Kollektivbesäufnis kommen. Wenn Sie dazu eingeladen werden, trinken Sie nur in Maßen mit, so dass Sie sich stets unter Kontrolle haben! Genießen Sie die Fiesta, doch machen Sie sich nicht über Personen oder religiöse Symbole lustig; das könnte schmerzhaft werden.*

Die **tlapopochihuani** *ist eine Frau, die die Teilnehmer einer Zeremonie mit wohlriechendem* **copalli** *(Räucherharz) „umräuchert“, was einer rituellen Reinigung gleichkommt.*

tlamanitiliztli (H: tlamane)	Brauch (auch: Regenzeremonie)
ilhuitl (Z: *ceremonia*)	Zeremonie, Ritual
huehuetlacatl huentli	Ritualleiter
tlaloc (Z: *sanmarquitos*)	Opfersteinchen
tlamanalli	rituelles Opfer
tlamaniliztli	rituelle Opferung
xöchitlatectli	Blumengirlande
son	Musikstück
teocuicatl (Z: cuicaleztli)	Gesang
mihtotiliztli (Z: mitote)	Tanz
mihtotiani (Z: motutehuani)	Tänzer
tlayeconqui	Tanzleiter
yaotachqui (Z: capiexqui)	Tanzaufseher
xocoyotzin	„Benjamin“; hier: der jüngste Tänzer
huehuetl	Standtrommel
teponaztli	Schlaginstrument
tlapitzalli	Flöte aus Schilfrohr
ayoyotl	Fußschellen
coyolli	Metallschellen
ayacachtli	Rassel
copalli	Räucherharz
popochcaxitl (Z: pupuchcumitl)	Räuchergefäß
tlapopochihuani (Z: malinche)	Beräucherin
tlapopochihualiztli (H: pepentle)	Beräucherung

caztiyocuahuitl	Feuerwerksaufbauten
copilli	Haarschmuck
quetzalli	Feder
xayacatl, xayacatlachichihualli (Z: xayatl, zayacatl, H: cuaxayacatl)	Maske
tilmatli	Männerumhang
maxtlatl (Z: maztla)	Lendenschurz
quexquemitl	Frauenüberwurf
huipilli	Frauenbluse
mitl (Z: *flechas*)	Pfeile
chimalli	Schild
macuahuitl (Z: macana)	Obsidianbeil

Der **ilhuitl** findet auch im familiären Kreis statt; **mihca|ilhui|tzintli** (*Toter-Tag-*☺, H: xantolo) das Fest zu Allerseelen, gehört zu dem Farbenprächtigsten, was die mexikanische Folklore zu bieten hat; hier kommt das (für den Europäer befremdliche) natürliche Verhältnis zum Ausdruck, das die Mexikaner gegenüber dem Tod hegen, inkl. Blumengestecken aus Tagetes, der so genannten **cempoal|xöchitl** (*zwanzig-Blume*), **mo|tla|mana|tlaliztli** (*sich-ETWAS-geben-Stellung;* Opfergaben mit Getränken und Gerichten, die den Toten zu Lebzeiten besonders zusagten) und den obligatorischen **nihcatzontecomatl,** Totenschädeln aus Früchten, Gemüse oder Zuckerguss. Schädel aus Zuckerguss werden zu Allerseelen auch gerne an Freunde verschenkt, dann sogar mit „Widmung“.

In Zazanëlli – das Rätsel

Da es in vielen Nahua-Dörfern selbst am Strom mangelt, wird eine gute Geschichte zum Zeitvertreib geschätzt. Eine weitere Möglichkeit, sich zu unterhalten, ist das Stellen von Rätselfragen. Dabei handelt es sich um ein spielerisches Wortgefecht, bei dem Alltägliches metaphernreich umschrieben wird.

Zur Einleitung ruft man:

Manchmal ist die Annahme so einer Herausforderung mit Wetteinsätzen oder Pflichten gekoppelt; davon rate ich ab, denn Sie würden die Rätsel wahrscheinlich nicht lösen und sich um den Spaß bringen.

¡Ce zazanëlli!
eins Rätsel

Diese Ankündigung variiert von Ort zu Ort. Im Zentrum, wo diese Praktik verbreitet ist, hört man auch: ¡Ce tozazanel, ce tozazanel! *(Eins unserer Rätsel)*, ¡Ce mozazaniltzin ih! *(Eins deiner netten kleinen Rätsel)*, ¡Zazanil! *(Rätsel)*, ¡Mimixtlamotzi, mimixtlamotzi! (etwa: *stark bewölkt*, im Sinne von „noch ist das Rätsel nicht gelöst und wir tappen im Dunkeln").

Fühlt man sich herausgefordert, antwortet man mit:

¡Ten|tetl!
Lippe-Stein/Ei

Ometeotzintli pur! Mit dem „Lippenstein" ist ursprünglich der von den reicheren Azteken getragene, dekorative Lippenpflock gemeint, steht einerseits also für die (hohlen) Reden der oberen Zehntausend und ließe sich vielleicht als „Großmaul“ übersetzen.

Zum anderen bedeutet **tetl** in seiner starken Bedeutung „Stein“, in seiner schwachen Bedeutung „Ei“. Ob man nun wirklich so ein tolles Rätsel weiß und quasi einen Edelstein in der Lippe trägt (im übertragenen Sinne also cool ist), oder ob sich das Ganze doch eher als das sprichwörtliche „Windei“ entpuppt, das wird das Rätsel bzw. seine Auflösung zeigen.

Hier zwei „harmlosere“ **Zazanëlli:**

Nehhuatl ni|cihuatl i|huan ni|quin|piä copilli i|huan miäqueh cocone|tzitzin n|itic. (Z: Nehhua nizohuatl huan no-*corona* huan noconehuan itic)
ich ich-Frau sein-mit ich-ihn-haben Kopfschmuck sein-mit viele Kinder-☺ mein-in
Ich bin eine Frau, trage eine Krone und viele Kinder in mir.

Tla|icpac ilhuicatl, tla|tzintlan ilhuicatl, tla|nepantla atl.
(Z: Tlacpac *cielo*, tlatzintlah *cielo*, nepantlah atl.)
ETWAS-über Himmel, ETWAS-unter Himmel, ETWAS-inmitten Wasser
Darüber Himmel, darunter Himmel, in der Mitte Wasser.

Viele **zazanëlli** *umkreisen die sonst so totgeschwiegene Sexualität und quellen über vor Doppeldeutigkeiten; der Zentrumsausdruck* tlatzacapani *beschreibt eigentlich das Geräusch der nassen Wäsche, wenn man sie auf Steinen ausschlägt. Im übertragenen Sinn beschreibt es auch das Magenknurren und sogar intimere Geräusche. Eine lange Liste mit* **zazanëlli** *findet sich im Internet unter dem Titel* „Tan ancha como tu abuela: adivinanzas en Nahuatl del Guerrero Central“ *von Jonathan D. Amith.*

Quemah ni|tla|mati!
ja ich-ETWAS-wissen
Ich weiß es!

Ahmo ni|tla|mati!
nein ich-ETWAS-wissen
Ich weiß es nicht!

Wissen Sie's? – Gemeint sind der Granatapfel (**in granada**) *und die Kokosnuss* (**in coco**).

Post, Telefon & Internet

Auf dem Postamt wird man eher mit Spanisch durchkommen; für alle Fälle ein paar grundlegende Sätze.

*Trotz der oftmals mangelhaften Versorgung der Nahua-Gebiete mit Telefon und Post hat sich Nahuatl seinen Platz im Internet (***matlatl** *„Netz") erkämpft; es gibt sogar ganze Homepages (***chan|amatl***) für und auf Nahuatl, teils in der Hochsprache, teils in den unterschiedlichsten Dialekten. Mintunter findet sich der eine oder andere Chatpartner im Cyberspace! Allerdings sind die Gesprächspartner in der Regel keine „echten" Nahuas.*

¿Campa ca in titlancalli?
wo sein das Postamt
Wo ist das Postamt?

Ni|c|nequi ni|c|ahxiti|tihui inin titlanqui i|huicpa Toichtlan/*Alemania*.
ich-ihn-wollen ich-ihn-schicken-HIN dieser Brief sein-nach Deutschland
Ich möchte diesen Brief nach Deutschland schicken.

¿Quexqui *timbres* **no|tech monequi?**
wieviel Briefmarken mein-für notwendig
Wie viele Briefmarken brauche ich dafür?

¿Campa ni|hueliti ni|huehca|tlahtoa|z?
wo ich-können ich-weit-sprechen-Z
Wo kann ich telefonieren?

Die Idee des „Telefonierens" wird also ähnlich wie im Deutschen („Fernsprecher") ausgedrückt.

Yez ce huehca tlatlallotiliztli.
wird·sein eins weit Gespräch
Es ist ein Ferngespräch.

¡Niltze! ¿Aquin notza?
hallo, wer rufen
Hallo, wer ist am Apparat?

¿Campa ni|notza|tihui?
wo ich-rufen-HIN
Mit wem spreche ich gerade?

¡Xi|mo|qu|ihtalhui aquin notza!
!-sich-ihn-reden wer rufen
Wer ist denn nun am Apparat?

¿Cuix ömpa i|chan in Petolo?
ob dort sein-Zuhause der Pedro
Ist das da bei Pedro zu Hause?

Tlahtoa Xuana; ¿cuix ömpa in Xöchitl?
sprechen Juana, ob dort die Xochitl
Hier ist Juana. Ist Xochitl da?

Ni|c|te|notzallani in Tlacatzin.
ich-ihn-JEMAND-rufen·lassen der Tlacatzin
Ich möchte mit Tlacatzin sprechen.

<table>
<tr><td>huehca|tlahtolli
weit-Sprache</td><td>Telefon</td></tr>
<tr><td>huehca|machiotl
weit-Formular</td><td>Telegramm</td></tr>
<tr><td>huehca|tlaquixtilli
weit-Kopie</td><td>Fax</td></tr>
<tr><td>ne|pohual|tzi|tzin
man·sich-zählen-☺-MZ</td><td>Computer</td></tr>
</table>

Die mexikanische (Un-)Sitte, sich am Telefon mit bueno *bzw.* **niltze** *zu melden, führt stets zum selben Frage- und Antwortspiel.*

Erdiger Mund, erdiges Gesicht – Krank sein

Auf dem Land ist die medizinische Versorgung teilweise schlecht und begrenzt sich auf einige Auffangstationen (*unidades médicas rurales, clínicas rurales*) mit Krankenschwestern und deren Assistenten. Bei größeren Beschwerden sollte man also die Ärzte in den Städten aufsuchen, und die sprechen ausnahmslos Spanisch und meist auch etwas Englisch.

¿Ōnca (H: eltoc) **ce ticitl?**
dort (ist) eins Arzt
Gibt es hier einen Arzt?

Wer sich ein Bild von der Vielfalt des medizinischen Wissens machen möchte, dem sei der **Mercado Sonora** *(Sonora-Markt) in der Hauptstadt empfohlen, dessen Stände einen schon fast legendären Ruf haben.*

Wie in vielen Teilen Lateinamerikas existiert parallel zur Schulmedizin eine umfangreiche Tradition in indianischer Medizin, die auf Schamanismus und Kräuterheilkunde basiert. Dabei hat jede Ethnie unterschiedliche medizinische Philosophien. Die Ausdrücke **tepahtiani** (H: tepahtiquetl) und **ticitl** kann sowohl einen westlich geschulten Arzt wie auch einen indianischen Heiler (*curandero*) bezeichnen. Dabei sind die Kräuterrezepturen in der Regel durchaus effizient.

Die aztekische Anatomie ist eng mit besitzanzeigenden Vorsilben verbunden. So wird der „menschliche Körper" **to|naca|yo** (*unser-Fleisch-Essenz*) genannt wird. Man sagt also eher „unser (aller) Kopf" (**to|tzontecomauh**) als „Kopf" (**tzontecomatl**). Zur besseren Übersicht stehen die Körperteile in der folgenden Liste allerdings in ihrer Grundform.

der Körper

tlactli	Oberkörper
tzontecomatl	Kopf
tomiotl	Haare
cuaitl	Stirn
ixtli, xayacatl	Gesicht
ixtelolotli	Auge
nacaztli	Ohr
yacatl	Nase
camatl	Mund
tentli	Lippe
nenepilli	Zunge
tlantli (H: tlacochtli)	Zahn
tlancochtli	Backenzahn
camachalli	Kiefer
quechtli	Hals (außen)
tözcatl, tözqui	Hals (innen), Rachen
ahcolli	Schulter
ciacatl	Achsel
çennquetzalli	Statur
matzotzpatzli	Arm (inkl. Hand)
maquechtli	Handgelenk
maitl, macpalli	Hand
mah|pilli *Hand-Kind*	Finger
itzëtl	Nagel (Fuß-/Finger-)
elchiquihuitl	Brust(korb)
cuitlapantli	Rücken
ihtëtl	Bauch
pitzahuayan	Gürtellinie

*Interessant in einem anderen Zusammenhang sind Herz (**yöllotl**) und Leber (**elli**): Da diese für den Sitz vieler Emotionen gehalten werden, treten diese beiden Organe oft im Zusammenhang mit Gefühlen auf.*

tzintli	Gesäß
metztli	Bein
tetepontli	Knie
xoquechtlantli	Fußgelenk
icxitl, xopalli	Fuß
xo|pilli	Zehe
Fuß-Kind	
yöllotl	Herz
eztli	Blut
ez|tlalhuatl	Ader
Blut-Nerv	
tlahxixtehcon	Milz
chichitl	Lunge
cocotli	Speiseröhre
quechtlatlaulli	Mandeln
xillantli, elpantli	Magen
cuitlaxolli	Darm
tzintamalli	Anus
eltapachtli, elli	Leber
netloctetenca	Niere
tepulli	männliche Genitalien
tepilli	weibliche Genitalien
chichichualli	weibliche Brust
cuayöllotl, atl	Gehirn
tlalhuatl	Nerv
acoltetl	Muskel
nepicyantli	Gelenk
omiyotl	Knochen
ehuatl	Haut

Ni|cocoxqui.
ich-erkrankt
Ich bin krank.

Ni|cuetlaxihui.
ich-sich·schwach·fühlen
Es geht mir nicht gut.

¿Tlein mitz|cocoa?
was dir-schmerzen
Was tut dir weh?

¿Campa mitz|cocoa?
wo dir-schmerzen
Wo tut es dir weh?

Mit **nech|cocoa** (es tut mir weh) kann man alle Arten von Schmerzen beschreiben:

Nech|cocoa no|tzontecomauh/no|tlan.
mir-schmerzen mein-Kopf/mein-Zahn
Ich habe Kopfschmerzen/Zahnschmerzen.

N|elpan|xocoya.
ich-Magen-säuern
Ich habe Sodbrennen.

O|ni|no|motlac.
v-ich-mich-warf
Ich bin gestürzt.

Ni|cuitlatecpichahui.
ich-Kolik-haben
Ich habe eine Kolik.

Ni|c|piä apitzalli.
ich-ihn-haben Durchfall
Ich habe Durchfall.

cocoliztli (Z: tecoicoliztli)	Krankheit
cocoyelli	Schmerz
atönahuiztli	Fieber
tocatlaxuiztli	Schnupfen
tlatlaxiztli	Husten
palaxtli	Wunde
pozahualiztli	Abszess
xoxalli	Tumor
xococayotl	Sodbrennen
menexhualiztli	Hämorrhoiden
tezauhcocoliztli	Tuberkulose
cicihuah in|cocoliz *Frauen ihre-Krankheit*	Menstruation

Krankheiten

In ländlichen Gegenden ist man sich der AIDS-Problematik nicht wirklich bewusst.

... und was man dagegen tun kann

pahtia [pahti]	heilen
pahtiliztli	Heilung
pahtic	geheilt
ne|pahti|lo|ni	Heilmittel
man·selbst-heilen-PASS.-MACHER	
pah|calli	Apotheke
heil-Haus	
pah|namac|o|yan	Drogerie
heil-verkaufen-PASS.-Platz	
tetzimpamaconi	Spritze, Klistier
cocoxcalli	Krankenhaus
te|tequiliztli	Operation
JEMAND-Arbeit	
tetecqui	Chirurg
pah|iximat|qui	Kräuterheiler
heil-kennen-Besitzer	
quilitl (Z: xihuitl)	(Heil-)Kraut
tema|z|calli	Schwitzbad,
schwitzbaden-(-)-Haus	aztekische Sauna

Wer wissen möchten, was eine aztekische Sauna ist, der findet eine Reihe interessanter Adressen und Bilder unter dem Stichwort „temazcal“ im Internet.

¡Ma n|ia|z cocox|cal|pan!
(Z: Notech monequi in niaz ipan in cocoxcalli)
bitte ich-gehen-Z krank-Haus-zu
Ich muss ins Krankenhaus!

¡Macahmo xi|tlaöcöxtie!
bitte·nicht·☺ !-traurig·sein
Sei nicht traurig!

¡Ma xi|pahti!
bitte !-heilen
Gute Besserung!

Der böse Blick & Der Schamane

Im aztekischen Verständnis gründen viele Erkrankungen auf direkte Angriffe auf die Seelen des Menschen, von denen jeder drei besitzt. Dabei kann vor allem eine davon, der **tonalli** („Energie"; Z: itonal, **cehualli,** *alma sombra*), die im Kopf sitzt und in die Gelenke wandern kann, geschwächt werden oder verloren gehen. Nach westlichen Maßstäben äußert sich dieser Seelenverlust (**te|tonal|chololiztli** „*JEMAND-Energie-weggerannt·sein*", *pérdida de la sombra*) in allgemeinem Unwohlsein, Stresssymptomen, Schlafstörungen und Abwehrschwäche über (Magen-Darm-)Grippe bis hin zur Depression. Der Körper insgesamt wird geschwächt und kann leichter anderweitig erkranken. Kehrt der **tonalli** nicht zurück, stirbt die Person. Daher muss der Schamane (*curandero*) die Seele auffinden und sie wieder in den Körper zurückbringen (**te|tonal|ehua** „*JEMAND-Energie-hochheben*", **te|tonal|cui** „*JEMAND-Energie-greifen*", H: pepentle).

Ein Tipp für den Notfall: Man glaubt, dass der „Stärkere" dem „Schwächeren" sein **tonalli** *wiedergeben kann, indem er mit seiner Hand vor der Stirn des „Opfers" entlangfährt.*

Grundsätzlich gibt es zwei Ursachen für Seelenverluste: einerseits heftige Emotionen, darunter vor allem Schreckmomente (**te|tonal|cahualiztli** „*JEMAND-Energie-Aufhalten*", Z: mauhcamahuiliztli, *susto, espanto*), und andererseits Zauberei (**nahuallotl**). Da der **tonalli** während des Schlafes auf Reisen geht, sollte man niemanden abrupt wecken, weil auch das zum Seelenverlust führen kann. Magische Ursa-

chen äußern sich dadurch, dass eine mächtige und/oder zauberkundige Person einer schwächeren Person ihren **tonalli** entzieht und verschleppt oder aber sie mit seinem **tonalli** angreift und schwächt. Einige glauben, dass dieser Seelenraub sogar unwillkürlich passieren kann. Neben der Obrigkeit, den Mestizos und der Polizei kann so ein „Aggressor" (**te|tonal|cahualtia|ni** *„JEMAND-Energie-aufhalten-MACHER"*, **tetonalitlaco, te|tonal|itlacoa|ni** *„JEMAND-Energie-schaden-MACHER"*) eigentlich jeder Fremde sein ... also auch Sie! Das ist der Zusammenhang, in dem man vom bösen Blick (*mal de ojo*, **pachtli**) spricht. Er entsteht, wenn man jemanden mit Neid oder Besitzlust anschaut. Eine weiterer Blick, **tlazōl|miquiztli** (*Müll-*

Sterben; Z: tiazolmiquiztli) genannt, geht von Personen aus, die man als mächtig, betrunken, sexuell erregt oder gierig einstuft ... und für viele Nahuas sind Sie zumindest ersteres! Das kann dazu führen, dass zwischen Ihnen und Ihrem Gesprächspartner kein intensiver Augenkontakt entsteht. In anderen Regionen geht man davon aus, dass nur Nachbarn und Bekannte diese Macht haben.

In nahualli – der Schamane

Ursprünglich bezieht sich der Ausdruck **nahualli** auf den Schamanen, also jenen Mittler zwischen der realen und spirituellen Welt – und wieder einmal **ometeotzintli.** Während einige moderne Nahuas die katholische Doktrin übernommen haben und den *nagual* als bösartigen Hexer sehen, hat sich die traditionelle Sichtweise in vielen Nahua-Gebieten der Bundesstaaten México, Morelos, Puebla und Veracruz erhalten. Neben böswilligen Schamanen, wie dem **tlaca|tecolotl** (*Mensch-Uhu*), dem **tecotz|cua|ni** (*Wade-essen-MACHER*; „Wadenbeißer"), und dem **te|yöllo|cua|ni** (*JEMAND-Herz-essen-MACHER*), die Personen erkranken lassen können, gibt es auch wohlgesonnene **nahualli,** wie den Wetterschamanen **teciuh|tlaza|ni** (*Hagel-herabstürzen-MACHER*). Auch die Heiler (**tepahtiani, ticitl**) gehören in diese Kategorie!

Übrigens wird **tlacatecolotl** bei einigen Nahuas auch gleichbedeutend mit „Teufel" verwendet.

Waschen & Toilette

Eingedenk der einfachen Verhältnisse, in denen viele Indígenas leben müssen, kann es auch passieren, dass man ins Feld (**mil|pan** *„Feld-in“*) geschickt wird. Davon einmal abgesehen, dass man sich ums Papier kümmern sollte (in der Not tut's auch Zeitungspapier, **yancuic|amatl** *„neu-Papier“*), sollte man im Feld ruhig etwas Krach beim Gehen machen, das vertreibt mögliche **coa|meh** (Schlangen).

Gibt es eine „echte“ Toilette, sieht man oft einen Eimer neben der Schüssel stehen, in den das benutzte Papier geworfen wird, angeblich, weil die Abflussrohre zu eng sind und schnell verstopfen. In all den Jahren, in denen ich in Mexiko gelebt habe, war die Toilette auch ohne Inanspruchnahme eines derartigen Eimers nicht öfters verstopft als in Deutschland!

¿Campa ca in neatiloyan?
wo sein das Badezimmer
Wo kann ich mir die Hände waschen?

Das ist so das dezenteste, was man in diesem Zusammenhang sagen kann. Dennoch geht es auch einfacher:

N|axix|miqui.
ich-urinieren-sterben
Ich muss mal ganz dringend.

¿Campa in cuitla|comitl?
wo der Exkrement-Behälter
Wo ist das Klo?

¿Campa in cuitla|calli?
wo das Exkrement-Haus
Wo ist das Toilettenhäuschen?

Schimpfen & Fluchen

Schimpfen, Fluchen und Beleidigen ist bei den Nahuas tabu. Es zeugt von Arroganz und schlechter Erziehung. Wer flucht, stellt sich auf eine Stufe mit den ungeliebten Mestizos! Daher gilt für Sie: in Konfliktsituationen immer höflich und respektvoll, aber bestimmt bleiben. Suchen Sie die Amtsinhaber eines Dorfes oder Viertels auf und schildern Sie Ihr Problem.

Die Hochsprache kennt eigentlich keine Beschimpfungen. Das bewusste Auslassen von Höflichkeitssilben in Gegenden, in denen darauf Wert gelegt wird, oder die Verwendung von Silben wie **-tontli** *für Hauptwörter oder* **-poloa** *für Verben kann, wenn auf Menschen bezogen, schon beleidigend genug sein.*

Ti|t|elle|tia.
wir-uns-Problem-MACHEN
Wir sind uns nicht einig.

In den Dialekten werden die **zazanëlli** (Rätsel) gern für versteckte Spitzen verwendet, und zwar dann, wenn es um sexuelle oder Fäkalthemen geht und bei der Antwort statt des **in** (der/die/das) ein **mo-** (dein) verwendet wird. Sollte ein Nahua wider Erwarten doch einmal in Rage kommen, flucht er entweder auf Spanisch oder sagt z. B.:

¡Quemmach in ti|yölquimil!
ist's·möglich der/die du-dumm
Wie blöd bist du eigentlich?

¿Cuix ti|c|piä cuitlatl i|tic mo|tzontecomauh?
ob du-ihn-haben Exkrement sein-in dein-Kopf
Hast du Scheiße im Kopf?

Notfall & Hilferuf

Im Falle eines Falles können Sie mit den folgenden Floskeln auf sich aufmerksam machen und um Hilfe bitten.

¡Tla xi|nech|palehui|can!
bitte·☺ !-mir-helfen-MZ
Helft mir bitte!

¡Iciuhqui|tica!
schnell-mit
Schnell!

¡Xi|huicini(-can)!
!-schnell·machen(-MZ)
Beeil dich (Beeilt euch)!

¡Xi|tlachiä!
!-beobachten
Pass auf!

O|nech|cua (H: nechtlanquecic) **ce coatl/colotl/tocatl.**
V-mich-aß eins Schlange/Skorpion/Spinne
Ich bin von einer Schlange/einem Skorpion/einer Spinne gebissen worden.

Im Wort **maiciuhqueh** *stecken* **maitl** *(Hand) und* **iciuhqui** *(fix, schnell), also etwa „schnelle Hände"!*

Ni|pochictic.
ich-betrogen
Ich bin betrogen worden.

¡Maiciuh|queh!
Dieb-MZ
Diebe!

O|ti|te|tla|cen|cui|li|lo|queh.
V-wir-JEMAND-ETWAS-vollständig-nahmen-BETREFFEN-PASS.-MZ
Wir wurden ausgeraubt.

„Wir wurden davon betroffen, dass uns jemand alles nahm" – anschaulicher geht's wirklich nicht!

Oc|ce icelolintli ic o|ni|c|motlac n|icelolin|tica.
noch-eins Auto damit v-ich-es-warf mein-Auto-mit
Ich hatte einen Auto-Unfall.

Im Zweifelsfall fruchtet natürlich auch lautes Geschrei auf Spanisch.

Geographische Namen

Viele Ortsnamen in- und außerhalb Mexikos sind aztekischen Ursprungs. Dabei lässt sich die Bedeutung relativ leicht erahnen; außerdem sind viele Ortsnamen in der aztekischen Bilderschrift überliefert. So wurde **Chapultepec** („auf dem Heuschreckenhügel") auch als Heuschrecke auf einem Hügel „geschrieben".

Für „Mexiko" gibt es unterschiedliche Deutungsversuche. Einige sagen, es bedeute „Im Nabel (= Zentrum) der Agave": **Me|xic|co** *(Agave-Nabel-in)*. Andere sagen, es stamme von **Mexihtli,** einem anderen Namen der Essenz **Huitzil|opochtli** („kolibriartige Linke"), der Willenskraft. **Mexih|co** ist also der Platz der **Mexih|cah,** derjenigen, die sich mit dieser Essenz gleichsetzten. Ursprünglich Teil von **Te|noch|ti|tlan Mexih|co** („Zwischen den Steinfeigenkakteen der **Mexih|cah**"), wird dieser Name für das ganze Land verwendet.

Ometeotzintli gilt beim genaueren Hinschauen auch für die geographischen Namen;

Acapolco

materiell gesehen bedeutet **A|nahuac** „Platz am Wasser" (**a|tl** + **nahuac**); spirituell gesehen bedeutet **atl** allerdings auch „Gehirn" bzw. „Gedanken", und den Rest kann man auch in **nahua** (harmonisieren) und **-c** (von **-co** „in") trennen und bedeutet dann: „Wo man die Gedanken harmonisiert".

Im Nachfolgenden werden allerdings nur die eher überlieferten, materiellen Bedeutungen angegeben; die Buchstaben der Nahuatl-Form in Klammern sollen den Ursprung nur verständlicher machen, sind aber nicht mehr Teil des Ortsnamens. Die Übersetzungen der Verhältniswörter wurden dem deutschen Sprachgebrauch angepasst.

Aca|pol|co („Acapulco") *Rohr-zerstören-in*	Wo man Schilfrohr zerstört
Aca|tlan *Schilfrohr-zwischen*	Zwischen dem Schilfrohr
Calix|tla|hua|can *Fassade-Fülle-Besitzer-Platz*	Platz der Fassadenbesitzer
Cem|pohual|(t)lan („Zempoala") *eins-Zählung-zwischen*	Zwischen der Zählung
Chapöl|tepe|c *Heuschrecke-Hügel-in*	Auf dem Heuschreckenhügel
Chia|(a)|pan („Chiapas") *Salbei-Wasser-auf*	Am Salbeiwasser
Chil|a|pa(n) *Chili-Wasser-auf*	Am Chili-Wasser
Citlal|tepetl *Stern-Hügel*	Sternenhügel

Coa|cal|co *Schlange-Haus-in*	Im Schlangenhaus
Coa|tepe|c *Schlange-Hügel-in*	Auf dem Schlangenhügel
Comal|cal|co *Herd-Haus-in*	Im Herdhaus
Cuauh|nahuac („Cuernavaca") *Baum-nahe*	Nahe den Bäumen
Cuauhtemal|(t)lan („Guatemala") *Holzstapel-zwischen*	Zwischen den Holzstapeln
Cuauh|ti|tlan *Baum-(-)-zwischen*	Zwischen den Bäumen
Cuau(h)|tla *Adler-Fülle*	Wo viele Adler sind
Cuetlax|cua(l)|pa („Puebla") *gegerbtes·Leder-gut-auf*	Beim gut gegerbten Leder
Huehue|tenan|co („Huehuetenango") *alter·Mann-Mauer-in*	Auf der Mauer der Alten
Huitzil|opoch|co („Churobusco") *kolibriartige-Linke-in*	Wo **Huitzilopochtli** („kolibriartige Linke") ist, soll heißen: wo die Essenz der Willenskraft sitzt
Huax|yaca|c („Oaxaca") *Flaschenkürbis-Nase-in*	Auf der Spitze der Flaschenkürbisse
Iztac|cihuatl *weiß-Frau*	Weiße Frau
Malinal|co *Kraut-in*	Wo Kräuter sind
Michi|hua|can („Michoacán") *Fisch-Besitzer-Platz*	Platz der Fischbesitzer
Mic|tlan („Mitla") *Toter-zwischen*	Zwischen den Toten
Mix|coa|c *Wolken-Schlange-in*	Wo die Wolkenschlange ist

Nau|cal|pan *vier-Haus-auf*	Bei den vier Häusern
Nican|ca|anahuac („Nicaragua") *hier-sein-Anahuac*	Bis hier reicht Anahuac
Oco|tlan *Pinie-zwischen*	Zwischen den Pinien
Ome|tepe|c *zwei-Hügel-in*	Auf zwei Hügeln
Popoca|tepetl *rauchen-Hügel*	Rauchender Hügel
Te|camachal|co *Stein-Kiefer-in*	Im Steinkiefer
Teocuitla|iztac|cal|pan *Gold-weiß-Haus-auf*	Auf dem Silberhaus (-hügel) („Tegucigalpa")
Te|noch|ti|tlan *Stein-Feigenkaktus-(-)-zwischen*	Zwischen den Stein-feigenkakteen
Teo|tenan|co *Essenz-Mauer-auf*	Auf der Mauer der Essenzen
Teo|ti|hua|can *Essenz-MACHEN-Besitzer-Platz*	Platz derjenigen, die Essenz wurden
Tlach|co („Taxco") *Ballspiel-in*	Ballspielplatz
Tlaco|pan („Tacuba") *Stängel-auf*	Bei den Stängeln
Tlal|nepantla *Erde-inmitten*	Inmitten der Erde
Tlatel|ol|co *Erdhügel-rund·machen-in*	Auf dem kugelförmigen Erdhügel
Tlaquepa|que(h) *Schleiereule-Mz*	Schleiereulen
Tlaxcal|(t)lan („Tlaxcala") *Tortilla-zwischen*	Zwischen den Tortillas

Toch|pan („Tuxpan“) *Kaninchen-auf*	Bei den Kaninchen
Toch|tlan („Tuxtla“) *Kaninchen-zwischen*	Inmitten der Kaninchen
Tolo|can („Toluca“) *Kopf·senken-Platz*	Platz des Kopfsenkens
Töl|(t)lan („Tula“) *Binse-zwischen*	Zwischen den Binsen
Tzömpan|co („Zumpango“) *Schädelgerüst-in*	Auf dem Schädelgerüst
Xal|a|pan („Jalapa“) *Sand-Wasser-auf*	Am Sandwasser
Xal|ix|co („Jalisco“) *Sand-Gesicht-in*	Im Angesicht des Sandes
Zaca|tec|can („Zacatecas“) *Gras-Bewohner-Platz*	Platz der Grasmenschen

Cuauhnahuac
Nahe den Bäumen

Cuauhtitlan
Zwischen den Bäumen

Kurioserweise könnte selbst „Atlantik“ ein Nahua-Wort sein: **A|tlan|ti|co** *(„Wasser-zwischen-(-)-in“).*

Aztekismen

Genauso wie Nahuatl durch andere Sprachen (vorrangig Spanisch) beeinflusst wurde, sind viele aztekische Wörter in andere Sprachen eingegangen, auch ins Deutsche, wie Schokolade (**chocolatl**), Kojote (**coyotl**), Ozelot (**ocelotl**), Quetzal (**quetzaltototl**), **A|xolotl** („*Wasser-Püppchen*", Querzahnmolch) oder Avocado (**ahuacatl**) zeigen. Die meisten der so genannten Aztekismen finden sich natürlich im modernen mexikanischen Spanisch. Das war einerseits praktisch, da sich vor allem für viele Tiere und Pflanzen keine wirklichen spanischen Übersetzungen durchgesetzt haben, aber andererseits diese Aztekismen auch einen durchaus familiären, wenn nicht sogar Slang-Wert haben.

Nahuatl	Spanisch	Deutsch
achitzin *wenig*	*achichincle*	Helfer, Knecht
amatl *Papier*	*amate*	traditionelles Papier aus Ficus-Rinde
tla|pachoa *ETWAS-drücken*	*apachurrar*	(zer)quetschen
pa|pachoa *DOPP.-drücken*	*apapachar*	knuddeln
cactli *Schuh*	*cacle*	Schuh, Sandale
chan|cayotl *Heim-Fremder*	*changarro*	Klitsche

chichina *saugen*	*chichi*	weibliche Brust
chicotlamati JEMAND·*verdächtigen*	*chicote*	Peitsche
chil|tlan *Chile-zwischen*	*chilango*	Hauptstädter
cochi|ni *schlafen-*MACHER	*cochino*	Schwein
comalli *Herd*	*comal*	trad. Herdplatte
coatl (hier:) *Zwilling*	*cuate*	Busenfreund, Kumpel
itzcuintli *Hund*	*escuincle*	Balg, schlecht erzogenes Kind
cac|tzapi|ni *Schuh-stacheln-*MACHER	*gachupín*	„Sporentreter" (Schimpfwort für Spanier)
huexolotl	*guajolote*	Truthahn
huacalli *Kiste*	*huacal*	Kiepe, Kiste
ölli	*hule*	Gummi
itacatl *Proviant*	*itacate*	Pausenbrot
mapach	*mapache*	Waschbär
mecatl *Seil*	*mecate*	Tau, Seil, Strick
metlatl *Steinmörser*	*metate*	Steinreiben-oberfläche
metla|pilli *Steinmörser-Kind*	*metlapil*	Steinreibebolzen
metz|calli *Mond-Haus*	*mezcal*	alkohol. Getränk (Agavenschnaps)

Wer als Reisender diese Aztekismen in seinen Sprachgebrauch einbaut, wird meist als „alter Hase" angesehen.

Aztekismen

Selbstverständlich gibt es im mexikanischen Spanisch auch Lehnwörter aus anderen Indianersprachen, z. B. guarache *(Sandale),* anolar *(etwas im Mund zergehen lassen) oder* cenote *(Brunnen).*

mil|pan *Feld-auf*	*milpa*	Maisfeld
möl|caxitl *Sauce-Teller*	*molcajete*	Steinschüssel
conetl *Baby*	*nena, nene*	Mädchen, Junge
paliacatl *gefärbt*	*paliacate*	Halstuch
papalotl *Schmetterling*	*papalote*	Drachen
pepena *aussuchen*	*pepenar*	herauspicken
petlatl	*petate*	Palmmatte
popotl *Besen*	*popote*	Strohhalm
tecolotl *Eule*	*tecolote*	Eule, Uhu
tepachi (Z, H)	*tepache*	Getränk aus vergorenem Ananassaft
tianquiztli *Markt*	*tianguis*	Markt
tlapalli *Farbe*	*tlapalería*	Eisenhandlung
tecuilli	*tlecuil*	Feuerstelle
zacatl	*zacate*	Gras
tzopilotl	*zopilote*	Geier
zoquitl *Ton*	*zoquete*	negative Bezeichnung für männl. Person: Gauner, Schlitzohr, Macker

Literaturhinweise

Lust auf noch mehr Nahuatl? – Die meisten Bücher zum Thema Nahuatl sind auf Spanisch verfasst; man bekommt sie am ehesten über die Universitäten und Verlage, bei denen sie erschienen sind. Aus dem relativ großen Angebot möchte ich ein paar hervorheben:

Hochsprache

Die hier genannten Bücher/Schriften sind nicht über den Reise Know-How Verlag Peter Rump GmbH erhältlich.

- Fernando Horcasitas: **Náhuatl práctico, lecciones y ejercicios para el principiante,** Universidad Nacional Autónoma de México, México, D. F., 1992 *(Leichte Lektüre, viele Übungen und Wörterlisten Náhuatl-Spanisch und Spanisch-Nahuatl, letzteres leider eher die Ausnahme.)*
- Tlacatzin Stivalet: **Nahuatlahtolli,** Facultad de Estudios Superiores Cuautitlán, Cuautitlán Izcalli, 1994 *(Mehr als ein Sprachlehrbuch, da der ometeotische Hintergrund ausfürhlich behandelt wird. Wer sich eingehender mit der ometeotischen Weltanschauung befassen möchte, dem sei auch die Internet-Seite* http://www.anahuac2000ac.org *von* Tlacatzin Stivalet *empfohlen; bald soll dort auch ein online-Nahuatl-Kurs zu finden sein.)*
- Thelma D. Sullivan: **Compendio de la gramática náhuatl,** Universidad Nacional Autónoma de México, México, D. F., 1983 *(Eine umfassende Grammatik der Hochsprache, sehr zu empfehlen.)*
- D. K. Jordan: **Inadequate Nahuatl reference grammar** gibt im Internet unter http://weber.ucsd.edu/~dkjordan/nahuatl/nahugram.html einen kompakten Überblick.

●Rémi Simeón: **Diccionario de la lengua nahuatl o mexicana**, Siglo Veintiuno, México, D. F., 1987 *(Das umfassendste Nahuatl-Wörterbuch der Hochsprache, das es meiner Meinung nach gibt, leider nur Nahuatl-Spanisch.)*
●Francis Kattunen: **An analytical dictionary of Nahuatl**, University of Texas, Austin, 1983 *(Ein neueres Wörterbuch Nahuatl – Englisch/Spanisch; empfehlenswert!)*

Dialekte ●Yolanda Lastra de Suárez: **Las áreas dialectales del náhuatl moderno**, Univeridad Nacional Autónoma de México, México, D. F., 1986 *(Groß angelegte Studie, in der versucht wurde, die Nahuatl-Dialekte anhand einer 430 Wörter umfassenden Liste in fast 100 Dörfern und Städten in 16 mexikanischen Bundesstaaten und El Salvador zu klassifizieren.)*
●Joaquín Galarza, Carlos López Avila, Cecilia Rossell: **Conversación náhuatl – español,** Centro de Investigaciones y Estudios Superiores en Antropología Social (Cuadernos de la Casa Chata 149), México, D. F., 1987 *(Basierend auf dem Dialekt von Milpa Alta (México, D. F.) werden alltägliche Gesprächssituationen zweisprachig geschildert und illustriert. Geeignet für etwas Fortgeschrittene.)*
●Den Kurs **Nahuatl** vom Nahua Genaro Medina Ramos haben *Betty Jo* und *William J. Taffe* im Internet veröffentlicht unter: http://oz.plymouth.edu/~wjt/Nahuatl/nahuatl.html *(Er beschreibt das Nahuatl aus Cholula in Puebla, das der Hochsprache ziemlich nahe kommt.)*

●David Tuggy T.: **Lecciones para un curso del náhuatl moderno,** und Carl Wolgemuth: **Gramática náhuatl (mela'tájtol)** sind zwei Veröffentlichungen des Summer Institute of Linguistics, die man unter http://www.sil.org/mexico/nahuatl/familia%2Dnahuatl.htm einsehen kann *(Sie beschreiben die Dialekte in Orizaba/Puebla bzw. Mecayapan und Tatahuicapan de Juárez/Veracruz [liegt zwischen dem See von Catemaco und Coatzacoalco im Südes des Bundesstaates]; während die Orizaba-Variante noch viel Ähnlichkeit mit der Hochsprache hat, zeichnen sich schon größere Unterschiede zu der Hochsprache ab.)*

Für die Qualität und Richtigkeit der Inhalte der Internet-Adressen zeichnet der Reise Know-How Verlag Peter Rump GmbH nicht verantwortlich.

Gedichte

Die Gedichte des **Huey Tlahtoani Nezahualcoyotl** sind wahre Juwelen der altamerikanischen Literatur; im Internet kann man sie, teils auf Spanisch oder Englisch, teils auch auf Nahuatl, finden.

Geschichte

●Xokonoschtletl Gómora: **Die wahre Geschichte der Azteken,** Verlag Gfw, Heidenheim, 1987 *(Unter dem Originaltitel* **¡Tehuatzin Ti Mexikatl! o ¿ Eres Mejicano?** *präsentiert der Autor, selbst ein Nahua aus Puebla, seine Sicht der Conquista und ihrer Folgen, quasi aus dem Blickwinkel der Besiegten. Er erklärt die indianische Weltanschauung und würzt sein Buch mit vielen Passagen auf Nahuatl, inklusive einer Liste mit aztekischen Namen.)*

Wörterliste Deutsch – Nahuatl

Die Wörterlisten „Deutsch – Nahuatl“ und „Nahuatl – Deutsch“ enthalten jeweils einen Grundwortschatz von ca. 850 Wörtern aus der Hochsprache. Vokabular, das besser in den einzelnen Kapiteln gefunden werden kann, ist hier nicht immer aufgenommen. „Lücken“ im Wortschatz kompensieren Sie am besten mit spanischen Vokabeln; auch dann werden Sie verstanden. Wenn Hauptwörter eine Mehrzahl haben können, wird diese in eckigen Klammern angegeben. Falls die Mehrzahlform nicht vollständig angegeben ist, weist ein senkrechter Strich daraufhin, an welcher Stelle die Mehrzahlendung angehängt wird, z. B.:

alte Frau ilama|tl [-meh]

*Die Vergangenheitsform der Verben steht ebenfalls in eckigen Klammern. Verben ohne Ziel (vgl. S. 33) sind mit einem * gekennzeichnet. Die Verben mit einem Ziel sind in der Regel so übersetzt, dass man vom deutschen Sprachgefühl her die richtige Silbe (z. B.* **-nech-**, **-no-** *oder* **-qui-***) einsetzt. Sollte das einmal nicht der Fall sein, oder ändert sich die Bedeutung eines Verbs mit der Wahl der Zielsilbe, wird nach der Vergangenheitsform ein Beispiel, meist in der ich-Form, angegeben, so heißt z. B.* ni|no|mana *„ich stehe auf“:*

aufstehen (sich erheben) mana [man, ni|no-]

A

aber yeceh
abfahren quiza* [quiz]
abfliegen quiza* [quiz]
abwägen (etw.) tlamictia
abwägen (etwas) tlamictia
abziehen (Zahlen) caxahua [caxahuac, ni|tla-]
addieren (etwas) cecempoa [cecempouh]
Adresse yeyantli
ähnlich wie -teuh
alle möchi; nöchi (Z, H)
alte Frau ilama|tl [-meh]
alter Mann huehue [huehuetqueh]
Amt tecuhtequitl
Amt, spirituelles *mayordomo*
Amtsperson cal|qui [-queh]
an (der Seite von) -nahuac
an -ixco, -ixpan, -ixtlan
Ananas matzatli
andere nepapan
anderer occe
anfordern itlanilia [itlanili, ni|no|tla-]
angeln mimichma* [mimichma]

Angestellter tequipanil-huiǀni [-nimeh]
angetrunken tlahuanqui
angezogen tlaquentili
Angst haben mauhtia [mauhti; niǀno]
ängstlich ixpinauhqui
anheuern tlaquehua [tlaqueuh]
anklagen (jem.) cuitlachi-huia [cuitlachihui]
ankommen ahci* [ahcic]
anspitzen tentia [tenti]
anstoßen (gegen etwas) motla [motlac, niǀno-]
anstreichen (malen) tla-palaquia [tlapalaqui]
antworten nanquilia [nanquili]
Apotheke pahcalli
arbeiten tequiti* [tequitic]
Arbeiter tequiǀni [-nimeh]
ärgern, sich cualani* [cualan], zoma [zoma, niǀno-]
arm icnopilli
Arzt ticitl [titici]
auf -c(o), -cuac, -ixco, -ixpan, -ixtlan
aufbewahren piä [pix]
aufgeblasen pochictic
aufregen (sich) ella-cuahua [ellacuauh]
aufschäumen (etw.) momolotza [momolotz]
aufstehen (sich erheben) mana [man, niǀno-], ehua* [euh]
aufwachen ihza* [ihzac]
Ausflug cuauhtlailhuitl
aushalten (etw.) yöllote-huia [yöllotehui]
Ausländer huehcahuitz
ausländisch huehcahuitz
ausruhen cehuia [cehui, niǀno-]
Ausschau halten pipia [pipix, niǀte-]
aussuchen pepena [pepen]
Auto icelollintli
autoritär huapactic

B

Badezimmer neatiloyan
Bahnhof tepözöhcan
bald ocachitonca
Ball tlachtli
Ballen (Stoff) quimilli
Banane zapalotl
barfuß cactonqui
Bart tentzöntli
Baseball pepechtlapayölli
bauen chihua [chiuh]
Bauer macehualǀli [-tin]
Baum cuauhtli
Beachtung yölloquimatiliztli
beben (die Erde) tlalolini* [tlalolin]
Becher tlahuicatl
bedeuten (heißen, etw. in einer Sprache) toznequi [toznec]
bedienen (sich) cuiltia* [cuilti]
beeilen, sich huicini* [huicin], ihcihui* [iciuh]
beenden tlami [tlan]
befinden (etwas sich) mani [manca]
begeistern, sich (für etwas) ilpia [ilpi, niǀn-], yölcocoltia [yölcocolti], yölehua [yöleuh; niǀno-]
beginnen pehua* [peuh]
begleiten (jmd.) axiltia [axilti], huica [huicac]
beglückwünschen elehuilia [elehuili]
begrüßen tlahapaloa [tlahpalo]
beherrschen huica [huicac]
bekommen (etwas) macuicui [macuic]
beleidigen (jmd.) yölitla-calhuia [niǀteǀtla-]
beleidigen poloa [polo]
Beleidigung yöllococolli
Belgien Pelxique, *Bélgica*
beneiden (jmd.) xicoa [xico, niǀno-]
benennen (jmd.) tocayotia [tocayoti]
beobachten tlachiä* [tlachix]

Berg tepetl
Bericht tlanonotzaliztli
Beruf tlatequipanoliztli
beruhigen (jmd.) ellelcehuia [ellelcehui], yölcehuia [yölcehui]
beruhigt yölceuhqui
beschädigen tlahcoa [tlahco]
Besen popotl
bestätigen (jmd. etwas) yöliuhtlamachtia [yöliuhtlamachti; ni|te-]
bestechen (jmd.) yöllocuecuepa [yöllocuecuep]
bestehen (auf etwas) yöllotepitztlacuactia* [yöllotepitztlacuactiac]
beten teopohua [teopouh; ni|no-]
betrinken (sich) ihuintia [ihuinti]
betrunken cuaxocomicqui, xocomicqui
Bett tlapechtli, cochiantli
Bewegung ollin
bezahlen (Schulden) ixtlahua [ixtlauh, ni|no-]
bezahlen tlaxtlahuilia [tlaxtlahuili]
Biene pipiol|in [-tin]
Bier achichic, chichicatl
Bild (Gemälde) tlacuihuilocayotl
billig ahmo patio
bitten (jmd. um etwas) tlauhtia [tlauhti, ni|te|tla-], itlani [itlan]
bitter chichic, xococ
blau xoxoctic
bleiben cahua* [cauh]
Blume xöchitl
Blutegel acuecueyachin
Boot acalli
böse ahmocualli, atlacatl
böswillig yöllomicqui
braten (etwas) tzoyonia [tzoyoni]
Brause tecelticatl
brechen (ein Gesetz) nahuatiltzinquixtia* [nahualtitzinquixti]
breit patlahuac
brennen tlatia [tlati, ni|no-], tlatla* [tlatlac]
bringen hualitqui [hualitqui], huica [huicac]
Bruder ach|tli [-tin]
Brühe ahuayotl
Buch amöxtli
bügeln zozohua

C

Chilipfeffer chilli
Choleriker cualan|qui [-queh]
Computer nepohualtzitzin, tlapohualoni

D

dampfen popoca* [popocac]
Dänemark Tanmac, *Dinamarca*
danke tlazohcamati
denken mati [ma, mat, ni|no-], yölmaxiltia [yölmaxilti, ni|no-]
deswegen ic
Deutschland Toichtlan, *Alemania*
Dialog halten tlahtolloa* [tlahtollo]
dicht cuauhtilactic
dick werden tomahua [tomahuac, ni|no-]
dick tomahuac
Dieb maiciuh|qui [-queh]
Ding tlamantli
diskret sein yöliuhtlamati* [yöliuhtlama]
dort ömpa, önca
Dose tepuzcomatl
draußen quiahuac
duften ahuiaya* [ahuiayac]
dumm ixtomahuac, yölquimil
dummdreist atlacaneci
Dummkopf tlahuica|tl [-meh]
dunkel poyahuac, yahuic, yohuac
dünn canahuac, pitzactic
durchgedreht ellahuiliic
dürr ohomitic

E

edel piltic, tlazohtli
Edelstein tlazohtetl
Ehefrau oquich|hua [-huaqueh]
Ehemann oquich|tli [-tin]
ehren (jmd.) mahuiztilia [mahuiztili]
Ei tetl
eilen iciuhtiuh [ciuhtia]
Eimer comatl
Eingang caltentli
eintreten calaqui* [calac]
Eisenbahn tepözöhtli
Eiter temalli
elegant (wohltönend) nahuatl
Ende: am ~ von -tlamia
Energie tonalli
eng tilictic
England Cetiliztlahtocayatol, *Inglaterra*
entdecken (etwas) pochina [pochin], tlapohua [tlapo, ni|te-]
enthörnt (Kühe) cuacuauhcoliuhqui
entkörnen (z. B. Mais) oya [oyac]
entschuldigen popolhuia [popolhui]
Erdbeben tlalolliniztli
Erde tlalli
erfinden (etwas) yölloteohuia [yölloteohui]
Erfolg haben namictia [namicti, ni|no|tla-]
erfreuen (jmd.) yölahuialtia [yölahuialti]
erfüllen (seine Pflicht) quixtia [quixti, ni|no-]
erhalten macuicui [macuic]
erinnern ëlnamiqui [ëlnamic]
erkranken cocoa [coco, ni|no-]
ermüden ciahui* [ciauh]
ernennen (jmd.) tenehua [teneuh, ni|te-]
Ernte pixquitl
ernten pixca [pixcac]*
Erntezeit pixquipan
Eroberer tepehua|ni [-nimeh]
erschrecken (jmd.) mauhtia [mauhti; ni|te-]
erschüttern (jmd.) yölyamania [yölyamanix, ni|te-]
erschüttert sein yölyamania* [yölyamanix]
erwarten (etwas) temachia [temachi, ni|tla-]
erwarten (jmd.) chiä [chix], temachia [temachi, ni|te-]
erzählen pohua [pouh]
erziehen ixtlamachtia [ixtlamachti]
Erziehung huapahualiztli
essbar cualoni
essen cua [cua]
Esszimmer tlacuayan
etwas itla

F

Faden ichtli
fähig quitquiticac
Fahrkarte (Ticket) temacatl
fallen huetzi* [huetz]
falsch machen (etwas) cuepcachihua [cuepcachiuh]
Farbe tlapalli
färben pa [pa]
faul (nicht fleißig) cuitlazotlauhqui
Faulheit tlatzihuiztli
Feder ihhuitl
fegen tlachpana* [tlachpan]
Feind yaö|tl [-meh]
Feld ixtlahuatl, milli
Ferien/Urlaub haben tonalquiza* [tonalquiz]
Fernseher huehcaichiäloni
fest huapahuac
festbinden ilpia [ilpi]
festmachen tlailpia [tlailpi]
fettig chiyactic
feucht cuechactic
Feuer tletl
Film (Kamera) ixiptlamecatl
Film (Kino, Fernsehen) ollinixiptlatl
Fischernetz matlatl
Flamme tlemiahuatl
Flasche pitzcomatl

Fleck chichictli
Fleisch nacatl
fliegen patlani* [patlan]
fliehen choloa* [cholo]
Flughafen ehecatecoyan
Flugzeug tepuzpapalotl
Formular tetocaicuiloliz-machiotl
Forschung tlatlaniliztli
Fotograf ixiptlacui|ni [-nimeh]
fragen (jmd.) tlatlani [tlatlan]
Frau cihuatl [cihuah]
Frau, alte ilama|tl [-meh]
frei yölloxoxouhqui
Freizeit nececeltiliztli
Freude ahuiliztli, pacayeliztli
freuen, sich ellelquiza* [ellelquiz], paqui* [pac]
Freund icniuh|tli [-tin]
Freundschaft icnuhyotl, icnoyotl (Z)
froh pacqui
fröhlich pacqui
Frühling xöpaniztli
Frühstück tenihzaloni
führen (jmd.) yacana [yacan]
funkeln tzotzotlaca* [tzotzotlacac
für -huaxca, -huicpa
fürchten (etwas) mahui* [mauh]
Fußball spielen ololxope-hua* [ololxopeuh]
Fußball ololxopehualli

G

Gast tlacelo|tl [-meh]
geben maca [macac]
geben: es gibt önca
geboren werden tlacati* [tlacat], yöli* [yöl]
Geburtsort tlacatian, yölcan
Geburtstag tlacatiliz-cahuitl
geeignet quitquiticac
gefährlich ohui
Gefangener mal|li [-tin, mamaltin]
gehen (ins Bett mit jmd.) nepanoa [nepano, ni|te-]
gehen (zu Fuß) icxipanuia [icxipanui, ni|tla-]
gehen nenemi*[nenen], yauh* [ya]
geholfen werden tlauhtia [tlauhti, ni|no-]
gehorchen caqui [cac, ni|te-], nahuatilmati [nahuatilma; ni|no-]
Gehorsam tetlacmatiliztli
geht nicht! ahuelli!
Geizhals tlatlametl
gekocht yuccic
Geld tlacohualoni
Gemälde (Bild) tlacuihuilocayotl
Gemüsegarten tzapocuauhtla
genießen paqui [pac]
gerade melactic
geräuchert pochehuac
Gerichtsgebäude tecuhtlatoloyan
gerne ica paquiliztli
Gesang cuicatl
Geschenk pialli
Geschichte (Rätsel) zazanëlli
geschnitten coctoctic
geschwollen pozahuac
Gesetz nahuatilli
Gespräch ehecamecatl
gesprächig tlahtohueyac
gestern yalhua
Gesundheit! ximocehuitzino!
Getränk tlailli
gewachsen (groß) hueyac
Gewicht etili
Gift micoani
Glanz tlanexyotl
glauben neltoca [neltocac]
gleich (identisch) neneuhqui
gleich (zeitl.) niman
Gold teocuitlatl
grausam yölcocolcuic
greifen cui [cuic]
Griechenland Ellincan, *Grecia*
Gringo (US-Amerikaner) pino|tl [-meh]
groß huey, hueyac
großzügig yöllochicactic
Grundstück callalli
gut cualli
Güte yölceuhcayotl

H

haben (besitzen) piä [pix]
Hälfte tlacoh
hart (nicht weich) tepitztic, tetic, tlacuactic
Haus calli
Hausarbeit caltequitl
heilbar pahtiloni
heilen pahtia [pahti]
Heiler tepahtia|ni [-meh]
Heimat tetlalpan
Heirat onnenamictiliztli
heiraten namictia [namicti, ni|no-]
heiß totonqui
heißen (etwas in einer Sprache) toznequi [toznec]
heißen (Namen haben) tenehua [teneuh, ni|no-]
helfen palehuia [palehui]
Hemd tlacuipilli
herausholen (etwas) quixtia [quixti]
herauskommen quiza* [quiz]
Herbst pehuipan
Herd tleamananalli
hereingelegt pochictic
herkommen huallauh* [hualla]
Herr tecuh|tli [-tin]
herunterkommen temo* [temoc]
heute axcan
Hilfe teixpantli
hinlegen tehca [tecac, ni|no-]
hinter -icampa, -tepotzco
Hoffnung quitemachicayotl
Höhle oztotl
Holz cuahuitl
Homosexualität cuilonyotl
hören caqui [cac]
Hotel axihuayan
Hügel tepetl
Huhn totol|in [tin]
Hund itzcuin|tli [-tin]
Hunger haben mayana* [mayan]
hungern mayana* [mayan]
husten tlatlaci* [tlatlaz]

I

impotent tzimmicqui
in -c(o)
Information tlanonotzaliztli
informieren (jmd.) tetlacaquiltia* [tetlacaquilti]
Ingenieur tlayocoya|ni [-nimeh]
Ingenieurswesen yocoyoliztli
inmitten von -nepantla, -tzalan
Insel tlalhuactli
intelligent yöllo
Intelligenz tlanamiquiliztli
Irland Eyitecan, *Irlanda*

J

ja quemah
jagen, auf die Jagd gehen ami* [an]
Jäger ami|ni [-nimeh]
Japan Nihpen, *Japón*
jetzt axcan
Jugend telpöchotl

K

Kaffee capuztli
Kalender, aztekischer tonalpohualli
Kalenderstein, aztekischer huey cuauhxicalli
kalt (Wetter) iztic
kalt (z. B. Speisen) cecec
Kamera ixiptlacuiloni
Kanal apantli
Kanu acalli
kaputt tlapanqui, tlatlapantli
kaputtgehen tlapani [tlapan], tlilli [tliliuh]
kaputtmachen tlapana [tlapan]
Kaserne telpöchcalli
kauen cuacua [cuacua]
kaufen (etwas für sich) cohuilia [cohuili]
kaufen (etwas) cohua [couh]
Kaugummi tzictli
Kellner tetlamaca|ni [-nimeh]
kennen mati [ma, mat]

ketzerisch teotlahtolcuepqui
Kiepe cuauhcalli
Kino ollinixiptlaloyan
klein tepiton
klingen tzilini* [tzilin]
kneifen (jmd.) cotonoa [coton]
knusprig izahuactic
kochen pozoni* [pozon]
kochend pozonqui
können hueliti* [huelitic]; cualtia (Z)
konzentrieren (sich) ahci [ahic, ni|n-]
Kopf tzoncalli
Korb chiquihuitl, xicalli
Körper tonacauh
korrigieren huēllalia [huēllali]
Korruption atlacayeliztli
krank cocoxqui
Krankenhaus cocoxcalli
Kranker cocox|qui [-queh]
kratzen (sich) cuacuacua [cuacuacua]
Kreditkarte netlacuilchimaltontli
Kreide tizatl
Krieg yaōtl, yaoyotl
Küchenmaschine atiliani
Kultur yuhcatiliztli
kümmern (sich um etw.) tequitia [tequiti, ni|c|no-]
küssen tenamiqui [tenamic]

L

Laborkraft tequipanoloyan|qui [-queh]
lachen huetzca* [huetzcac]
Landwirt macehual|li [-tin]
langsam yōlic
langweilen (jmd.) cocolia [cocoli]
langweilen (sich) patla [patlac, ni|no-]
lassen cahua [cauh]
laufen tlaloa [tlalo, ni|no-]
leben nemi*[nen]
Leben nemiliztli, yōlli
lebendig nemini, yōlolice
lecker huelic
Leder cutlaxtli
legen (sich in eine Hängematte) pipiloa [pipilo]
lehren machtia [machti]
Leid tun icnotlamactia [icnotlamachtic]
leiden nentlamachtia [nentlamachti, ni|no-]
lernen machtia [machti, ni|no-]
lesen amapohua [amapouh], pohua [pouh]
Licht tlanextli
Liebe tazohtlaliztli
lieben tlazohtla [tlazohtlac]
Lied cuicatl
Loch tlacoyoctli
löcherig coyoctic
Lüge ixtlacayotl
lügen iztlacati* [iztlacat]

M

machen (schnell) huicini* [huicin]
machen chihua [chiuh]
Magie nahuallotl
mahlen teci [tez]
Mais tlaolli
Maisfladen (Tortilla) tlaxcalli
Maisteig nixtamalli, textli
malen tlapalaquia [tlapalaqui]
mangeln polihui* [poliuh]
Mann tlaca|tl [-meh]
Markt tianquiztli
mästen tomahua [tomahuac]
Mauer tenamitl
Mehl yōltictli, yōltextli
mehr achi
Mensch tlaca|tl [-meh]
messen tamachihua [tamachiuh]
Mexiko Anahuac, Mexihco
Milch memeyallotl
Mineralwasser yuhquiz atl
mischen neneloa [nenelo]
mit -huan
mittags nepantlahtic

Mitternacht yohualnepantla
mögen nequi [nec]
morgen moztla
Morgengrauen tlahuinahuac
Motor olini
Mühe geben, sich yölchicahua [yölchicauh]
Museum tlamaniliayan
Mut machen (jmd.) yölchicahua [yölchicauh]
mutig yöllochicahuac, yöllotlapaltic

N

Nachbar calecapo|tli [-tin], calnahuatlaca|tl [-meh]
nachdenken mati [ma, mat, ni|no-], yölpohua [yölpouh, ni|no-]
nachmittags teotlac
Nachrichten yancuitini
Nachtclub yohualcan
nachts yohualtica
Nadel huitzmallotl
nahe -nahuac
nähen tzahua [tzauh], tzonia [tzoni]
nähern (sich) axitia [axiti]
Name tocaitl
nass chapanqui
nass werden palti* [palti]
Nationalität tlacatianyotl
neben -nahuac, -tloc
nehmen (etwas) cui [cuic, ni|tla-]
Neid neixcoliztli
nein ahmo, ahmotzin
nerven (jmd.) yölizahuia [yölizahui]
Nest tepazölli
neu yancuic
nicht ahmo, ahmotzin
nichts ahtle
Niederlande Tlilcho Altepemeh, *Holanda*
nieseln pixahui* [pixauh]
noch oc
Norden mictlampa
notwendig monequi
null ahtle
nur zan
nützlich neconi

O

Obst xöchicualli
öffnen tlapohua [tlapo, ni|tla-]
Osten tlapcopa
Österreich Tlapcopatlahtocayotl, *Austria*

P

Pädagoge teyacaya|ni [-nimeh]
Palast tecpantli
Papier amatl
Park cuauhtla
Pass nalpanoahcatl
passieren pano* [panoc]
Peso etili
Pferd cahuayo [cahuayomeh]
Platz der Fülle -tla
Platz von -can
plötzlich atenemachpan
Polen Polzcan, *Polonia*
Präsident tepachoa|ni [-nimeh]
Priester teopix|qui [-queh]
Problem ellelli
Programm tlatecpanalli
Programmierer tecpana|ni [-nimeh]
Prost! pacayelitica!
Prostituierte ahuiyani [ahuiyanimeh]
Prostitution netlaneuhtiliztli
Pulque (vergorener Agavensaft) neuctli
pünktlich cahci
putzen (Zähne) camapaca* [camapacac]

R

Radio icaquiznechicohuani
Rande: am ~ von -tenco
Rätsel zazanëlli
rauchen (etw., z. B. Zigaretten) chichina [chichin, ni|tla-]
rauchen (z. B. Feuer, Vulkan) popoca* [popocac]

Rechnung tlapohualli
Rechungswesen talpouhcayotl
reden ihtalhuia [ihtalhui, ni|no|tla, ni|c|n-]
Regel (Gesetz) nahuatilli
Regen quiahuitl
regnen quiahui* [quiauh]
reif (vollendet) ahcic
reif camahuac
Reise ohtlatocatiliztli
reisen ohtoca* [otocac]
Reisender nen|qui [-queh]
reparieren pahtia [pahti], tlapahtia [tlapahti]
Richter tecuhtlato [tecuhtlatoqui]
riechen (jmd./ etwas) inecui [inecu]
Roman nemilizamatl
rot chichiltic
rufen (jmd.) notza [notz]
ruhig yölic
rund yahualtic
rundlich (jmd.) chamahuac
rutschig alahuac

S

Sache tlamantli
Sack coxtalli (Z)
Saft patzcatl
sagen (etwas falsch aussprechen) tempatilia [tempatili, ni|no-]
sagen (etwas) ihtoa [ihto]
Salz iztatl
salzig iztayo
Sattel pehpechtli
sauber chipahuac
saugen chichina [chichin, ni|tla-]
Schamane nahual|li [-tin, nanahualtin]
schämen, sich yölcocoa [yölcoco], ixpinahua* [ixpinahuac], pinahua* [pinauh]
schamhaft ixpinauhqui
Schatten cehualli
scheinen (jmd. etwas) yöllotia [yölloti, ni|no-]
scherzen camanaloa* [camanalo]
schicken (jmd.) titlani [titlan]
schicken ahxitia [ahxiti]
schimmelig xoxocauhqui
Schlaf cochiliztli
schlafen (mit jmd.) cui [cuic, ni|te-]
schlafen cochi* [coch]
schlaff zotlahuac
Schlamm zoquitl
schlank pitzahuac
schlecht (böse) ahmocualli
schlecht angebunden (Tier) caxanqui
schlecht werden (verderben) palani* [palan]
schließen tzauhtehua [tzauhteuh]
Schlosser tlatzacualon|qui [-queh]
schlucken toloa [tolo]
schmerzen cocoa [coco]
schmutzig catzahuac, cuichectic
schneiden (etw.) cotona [coton], tequi [tec]
schneien tzetzelihui* [tzetzeliuh]
Schnurrbart tatlia
schön cuacualtzin
schreiben (etwas) cuiloa [cuilo]
Schule nemachtilocalli, nemachtiloyan, temachtiloyan
Schüler momachti|qui [-queh]
schütteln tzetzeloa [tzetzelo]
schwächlich zotlactic
schwarz tliltic
Schwein pitzo|tl [-meh]
Schweiz Zuizcan, *Suiza*
schwer (Gewicht) etic
schwerfällig yöllomicqui
schwierig (kompliziert) ohui
Schwierigkeit ohuicayotl
Schwimmbecken tlamaneloloyan
schwimmen maneloa [manelo, ni|tla-]
schwul cuilo|ni [-nimeh], cicihuatl (Z)
Seele yöliatl
sehen itta [ittac]

sehnig tlahuatic
sehr cenca
Seil mecatl
sein ca* [catca]
Seite amaixtli, nalli
selbst -nohmatca
Selbstmord begehen mictia [micti, ni|no-]
setzen (sich) tlalia [tlali, ni|no-]
Siesta halten ellelquixtia [ellelquixti, ni|n-]
Silber iztacteouitlatl
singen cuica* [cuicac]
so wie yuhqui
sofort nenquen
Softdrink tecelticatl
sollen cualia (Z)
Sommer tonallan
Sonne tonalli
Spanien Caxtillan
Spaß camanalli, nececemeltiliztli
später zatepan
Spaziergang nenemiliztli
Speisekarte amatl
Spiegel tezcatl
Spiel patolli
spielen ahuiltia* [ahuilti]
spirituell yölilizo
spitz cuapitzahuac, yacapitzahuac
Spitze: an der ~ von -cuac
Sprache tlahtolli
sprechen (eine Fremdsprache) popolotza [popolotz, ni|te-]
sprechen tlahtoa [tlahto]
sprunghaft (Person) yölcuecuepqui
spucken chicha [chichac]
stachelig huitztic
Stadtviertel calpölli
stark werden chicahua* [chicahuac]
Staub tectli
Staubsauger ihioaanani
stehlen (etwas) anilia [anili, ni|tla-]
steif huapahuac
steigen tleco* [tlecoc]
Stein tetl
stellen (etwas, allg.) tlalia [tlali, ni|tla-]
stellen (hinstellen) tehca [tecac, ni|tla-]
stellen mana [man]
sterben miqui* [mic]
Stift tlacuiloni
Stimme (Votum, Wahl-) nenetoltiliztli
stimmen für jmd. tenehua [teneuh, ni|te-]
stimulieren (sexuell) yöllapana [yöllapan]
stinken potoni* [poton]
stoppen quetza [quetz, ni|no-]
stottern elmimiqui* [elmimic]
Straße cuepotli
Streichholz comoniloni
Strick mecatl
suchen temoa [temo]
Süden huitzlampa
Summe tlacempoaliztli
Suppe tetzahuayotl
süß tzopelic
Süßigkeit tzopelic

T

Taco tlacuelpacholli, tlaxcalpacholli
Tag cemilhuitl, tonalli
tanzen ihtotia* [ihtoti, ni|n-]
Tasche tanantli
täuschen (jmd.) ixcuepa [ixcuep]
Telefon huehcatlahtolli
telefonieren huehcatlahtoa* [huehcatlahto]
Teppich petlatl
teuer (im übertragenden Sinn) motlazohtlac
teuer patio
Teufel neixcoliztli
Theater ixehualocan
Tier yölca|tl [-meh]
Tierarzt yölcaticitl [yölcatitici]
Tisch huapalli
Tortilla tlaxcalli
tot miqui
töten mictia [micti]
tragen (etw.) mama [mama]
tragen (z. B. etwas auf dem Rücken) itqui [itquic]
transportieren zaca [zacac]
träumen (etwas) cochitta [cochittac], temiqui [temic]

traurig sein elaqui* [elac], nentlamati* [nentlama], tlaocöya* [tlaöcox], yölchichipatilia [yölchichipalti]
traurig werden nentlamati [nentlama, ni|no-]
Treppe tecuemitl
trinken (etwas zu viel) tlahuana [tlahuan]
trinken atli [atlic], i [ic]
Trinkgeld tlailmacoqui
Trinkwasser chipactic atl
trocken huacqui
Trommel teponaztli
trösten yöllalia [yöllali]
Tür tlatzacuilli

U

übermorgen huiptla
übersetzen (etw., Sprache allg.) cuepa [cuep] tlahtolli
übersetzen (für jmd. etwas ins Nahuatl) nahuatlatalhuia [nahuatlatalhui; ni|te-]
übersetzen (ins Nahuatl) nahuatlahtolcuepa* [nahuatlahtolcuep]
Ufer atenco
umarmen nahuatequi [nahuatec], quechnahua [quechnahua]
umbringen, sich mictia [micti, ni|no-]
umdenken yölcuepa [yölcuep; ni|no-]
umso quen oc yëh
umsonst (vergebens) nenca
umstimmen (jmd.) yölcuepa [yölcuep; ni|te-]
und ihuan
Ungarn Maquiyacan, *Hungría*
ungeduldig yölcocole
Universität calmecac
Universum cemanahuatl
unmenschlich atlacatl
unmöglich ahuelli
Unmut yölitlactli
unruhig werden yölacomana [yölacoman]
unter -icxitlan, -tzintlan
unterbrechen (jemanden) pozonia [pozoni]
unterhalten (sich) ontlahtoa [ontlahto]
Unterschrift tocaicuil
Unterstützung teixpantli
untersuchen (etwas) nepanoa [nepano, ni|tla-]
Untersuchung (Forschung) tlatlaniliztli
untreu yölcuecuepqui
USA Pinocan, *Estados Unidos*
US-Amerikaner (Gringo) pino|tl [-meh]

V

Vagabund nenen|qui [-queh]
Vater tah|tli [-tin]
verändern (etwas) cuepa [cuep, ni|tla-], papatla [papatlac], patla [patlac, ni|tla-]
verärgern (jem.) cualantia [cualanti]
verärgert cualancuic
verbeugen (sich) pechteca [pechtecac]
verbrennen tlatia [tlati]
verderben (schlecht werden) palani* [palan]
verdienen (Gehalt) tlaxtlahuilo [tlaxtlahuiloc]
verdorben (verwest) palanqui
verdrehen (etwas) malina [malin]
verführen tepipiloa [tepipilo]
vergebens nenca
vergessen ilcahua [ilcauh]
vergießen peyahua* [peyahuac]
verhöhnen nahuallacaquitia [nahuallacaquiti], xicoa [xico, ni|te-]
verkaufen namaca [namac]
verlassen cahua [cauh]

verlieben yölacocui [yölacocuic], yöllotlapana [yöllotlapan]
verliebt moyöleuhqui
verlieren (etwas) polihui [poliuh]
verloren poliuhqui
verrückt cuaxocomicqui
verrückt ellahuililoc
verschmutzen catzahua [catzahuac], tzoyoa* [tzoyoac]
versprechen (etwas) tenehua [teneuh, ni|tla-]
verstaucht petonqui
verstecken tlatia [tlati]
verstehen ahcicamati [ahcicama], caqui [cac]
verteilen (etw. unter Personen) mamaca [mamacac, ni|te|tla-]
vertraue: ich ~ dir motech ninotemachia
vertrauen (auf etwas) temachia* [temachi]
vertrauen (jmd.) temachia [temachi, -tech ni|no-]
Vertrauen yöllotiliztli
vervollständigen (etwas) axiltia [axilti]
verwest palanqui
viel miäc
viele miäqueh
vielleicht ahzo, huiliz
Viertel chico
Vogel toto|tl [-meh]
voll (Magen, satt) eltenqui
voll tenqui
vollendet (reif) ahcic
von -huic
vor -ixco, -ixpan, -ixtlan
voraussagen (etwas) yölteohuia [yölteohui, ni|no-]
vormittags icipa

W

wachsen izcaltia [izcalti, ni|no-]
Wahre tiamictli
während -c(o)
warm (z. B. Speisen) yamanqui
was? tlein, tlei, tle, tlen
waschen (etw., nicht eigenen Körper) paca [pacac]
waschen (Gesicht) ixamia [ixami, ni|n-]
waschen (Hände) matequia [matequi, ni|no-]
waschen (Person) altia [alti]
weben ihquiti* [ihquitic]
wechseln (etwas) papatla [papatlac]
Weg öhtli
weich poxactic
weichherzig yölpapatztic
weinen choca* [choc]
weiß iztac
weit entfernt huehca
weitere (andere) nepapan
weitläufig, groß coyahuac
Welt cemanahuatl, tlalticpactli
wenn (Bedingung) intla, tla
Westen cihuatlampa
wie viel quexqui
wiegen etia* [etix]
wild (grausam) yölcocolcuic
Winter cecuizpan
wissen (etwas) machtia [machti, ni|no|tla-], mati [ma, mat]
Witz camanalli
wo? campa
wohlfühlen mati [ma, mat, ni|no-]
Wohltäter teicneli [teicnelimeh]
wohltönend nahuatl
wollen nequi [nec]
wünschen (etwas) elehuia [elehui]
Wurm ocuil|in [-tin]
Wut neixcoliztli
wütend machen (jmd.) yöllopozonia [yöllopozoni]
wütend sein yöllopozoni* [yöllopozon]
wütend pozonqui

Z

zähflüssig tilahuac
zählen pohua [pouh]
zeigen (jmd., etwas) ittitia [ittiti]
zeigen (mit dem Finger) mapilhuia [mapilhui]
Zeit der Fülle -tla
Zeit von -can
Zeit cahuitl
zerreißen (etwas) tzayani [tzayan]
zerrissen tzayanqui
zerschmettern pöpöztequi [pöpöztec]
zerstören poloa [polo]
Zigarette tenchichinaloni
Zimmer calla
zittern papatlaca* [papatlacac]
Zivilisation toltecayotl
zögern quetza [quetz, ni|no-]
zu -huic
zufrieden stellen (jmd.) yöliuhtlalia [yöliuhtlali]
zufrieden ahuiac
zurückkommen cuepa [cuep, ni|no-]
zusammen mit -nahuac, -tloc
zusammenkommen nepanoa [nepano, ni|no-]
zwischen -nepantla, -tzalan

Wörterliste Nahuatl – Deutsch

A

acalli Boot, Kanu
achi mehr
achichic Bier
ach|tli [-tin] Bruder
acuecueyachin Blutegel
ahci [ahic, ni|n-] konzentrieren (sich)
ahci* [ahcic] ankommen
ahcic reif, vollendet
ahcicamati [ahcicama] verstehen
ahmo patio billig
ahmo, ahmotzin nein, nicht
ahmocualli schlecht, böse
ahtle nichts, null
ahuayotl Brühe
ahuelli geht nicht!
ahuelli unmöglich
ahuiac zufrieden
ahuiaya* [ahuiayac] duften
ahuiliztli Freude
ahuiltia* [ahuilti] spielen
ahuiya|ni [-nimeh] Prostituierte
ahxitia [ahxiti] schicken
ahzo vielleicht
alahuac rutschig
altia [alti] waschen (Person)
amaixtli Seite
amapohua [amapouh] lesen
amatl Papier
amatl Speisekarte
ami* [an] jagen, auf die Jagd gehen
ami|ni [-nimeh] Jäger
amöxtli Buch
Anahuac/Mexihco Mexiko
anilia [anili, ni|tla-] stehlen (etwas)
apantli Kanal
atenco Ufer
atenemachpan plötzlich
atiliani Küchenmaschine
atlacaneci dummdreist
atlacatl böse, unmenschlich
atlacayeliztli Korruption
atli [atlic] trinken
axcan jetzt, heute

axihuayan Hotel
axiltia [axilti] begleiten (jmd.)
axiltia [axilti] vervollständigen (etwas)
axitia [axiti] nähern (sich)

C

-c(o) in, auf, während
ca* [catca] sein
cactonqui barfuß
cahci pünktlich
cahua [cauh] lassen
cahua [cauh] verlassen
cahua* [cauh] bleiben
cahuayo [cahuayomeh] Pferd
cahuitl Zeit
calaqui* [calac] eintreten
calecapo|tli [-tin] Nachbar
calla Zimmer
callalli Grundstück
calli Haus
calmecac Universität
calnahuatlaca|tl [-meh] Nachbar
calpölli Stadtviertel
cal|qui [-queh] Amtsperson
caltentli Eingang
caltequitl Hausarbeit
camahuac reif
camanalli Witz, Spaß
camanaloa* [camanalo] scherzen
camapaca* [camapacac] putzen (Zähne)
campa wo?
-can Platz von, Zeit von
canahuac dünn
capuztli Kaffee
caqui [cac, ni|te-] gehorchen
caqui [cac] hören
caqui [cac] verstehen
catzahua [catzahuac] verschmutzen
catzahuac schmutzig
caxahua [caxahuac, ni|tla-] abziehen (Zahl)
caxanqui schlecht angebunden (Tier)
Caxtillan Spanien
cecec kalt (z.B. Speisen)
cecempoa [cecempouh] addieren (etwas)
cecuizpan Winter
cehualli Schatten
cehuia [cehui, ni|no-] ausruhen
cemanahuatl Universum
cemilhuitl Tag
cenca sehr
Cetiliztlahtocayatol, *Inglaterra* England
choca* [choc] weinen
choloa* [cholo] fliehen
ciahui* [ciauh] ermüden
cihuatl [cihuah] Frau
cihuatlampa Westen
cochi* [coch] schlafen
cochiantli Bett
cochiliztli Schlaf
cochitta [cochittac] träumen (etwas)
cocoa [coco, ni|no-] erkranken
cocoa [coco] schmerzen
cocolia [cocoli] langweilen (jmd.)
cocoxcalli Krankenhaus
cocox|qui [-queh] Kranker
cocoxqui krank
coctoctic geschnitten
cohua [couh] kaufen (etwas)
cohuilia [cohuili] kaufen (etwas für sich)
comatl Eimer
comoniloni Streichholz
cotona [coton] schneiden (etwas)
cotonoa [coton] kneifen (jmd.)
<u>**coxtalli**</u> **(Z)** Sack
coyahuac weitläufig, groß
coyoctic löcherig
cua [cua] essen
-cuac an der Spitze von, auf
cuacua [cuacua] kauen
cuacuacua [cuacuacua] kratzen (sich)
cuacualtzin schön
cuacuauhcoliuhqui enthörnt (Kühe)
cuahuitl Holz

cualancuic verärgert
cualani* [cualan] ärgern (sich)
cualan|qui [-queh] Choleriker
cualantia [cualanti] verärgern (jem.)
cualia (Z) sollen
cualli gut
cualoni essbar
cualtia (Z) können
cuapitzahuac spitz
cuauhcalli Kiepe
cuauhtilactic dicht
cuauhtla Park
cuauhtlailhuitl Ausflug
cuauhtli Baum
cuaxocomicqui betrunken
cuaxocomicqui verrückt
cuechactic feucht
cuepa [cuep, ni|no-] zurückkommen
cuepa [cuep, ni|tla-] verändern (etwas)
cuepa [cuep] tlahtolli übersetzen (etwas, Sprache allg.)
cuepcachihua [cuepcachiuh] falsch machen (etwas)
cuepotli Straße
cui [cuic, ni|te-] schlafen (mit jem.)
cui [cuic, ni|tla-] nehmen (etwas)
cui [cuic] greifen
cuica* [cuicac] singen
cuicatl Gesang
cuicatl Lied
cuichectic schmutzig
cuiloa [cuilo] schreiben (etwas)
cuilo|ni [-nimeh], Z: cicihuatl schwul(er)
cuiltia* [cuilti] bedienen (sich)
cuitlachihuia [cuitlachihui] anklagen (jem.)
cuitlazotlauhqui faul (nicht fleißig)
cutlaxtli Leder

CH

chamahuac rundlich (jmd.)
chapanqui nass
chiä [chix] erwarten (jmd.)
chicahua* [chicahuac] stark werden
chicha [chichac] spucken
chichic bitter
chichicatl Bier
chichictli Fleck
chichiltic rot
chichina [chichin, ni|tla-] saugen, rauchen (etw., z. B. Zigaretten)
chico Viertel
chihua [chiuh] bauen, machen
chilli Chilipfeffer
chipactic atl Trinkwasser
chipahuac sauber
chiquihuitl Korb
chiyactic fettig

E

ehecamecatl Gespräch
ehecatecoyan Flughafen
ehua* [euh] aufstehen
elaqui* [elac] traurig sein
elehuia [elehui] wünschen (etwas)
elehuilia [elehuili] beglückwünschen
ellacuahua [ellacuauh] aufregen (sich)
ellahuililoc durchgedreht, verrückt
ellelcehuia [ellelcehui] beruhigen (jmd.)
ellelli Problem
ellelquixtia [ellelquixti, ni|n-] Siesta halten
ellelquiza* [ellelquiz] sich freuen
Ellincan, *Grecia* Griechenland
elmimiqui* [elmimic] stottern
ëlnamiqui [ëlnamic] erinnern
eltenqui voll (Magen), satt
etia* [etix] wiegen
etic schwer (Gewicht)
etili Peso, Gewicht
Eyitecan, *Irlanda* Irland

H

huacqui trocken
hualitqui [hualitqui] bringen
huallauh* [hualla] herkommen
-huan mit
huapactic autoritär
huapahuac fest, steif
huapahualiztli Erziehung
huapalli Tisch
-huaxca für
huehca weit entfernt
huehcahuitz ausländisch
huehcaichiäloni Fernseher
huehcatlahtoa* [huehca-tlahto] telefonieren
huehcatlahtolli Telefon
huehue [huehuetqueh] alter Mann
huelic lecker
hueliti* [huelitic] können
huëllalia [huëllali] korrigieren
huetzca* [huetzcac] lachen
huetzi* [huetz] fallen
huey cuauhxicalli aztek. Kalenderstein
huey groß
hueyac groß, gewachsen
-huic zu, von
huica [huicac] begleiten, beherrschen, bringen
huicini* [huicin] machen (schnell), sich beeilen
-huicpa für
huiliz (ahzo) vielleicht
huiptla übermorgen
huitzlampa Süden
huitzmallotl Nadel
huitztic stachelig

I

i [ic] trinken
ic deswegen
ica paquiliztli gerne
-icampa hinter
icaquiznechicohuani Radio
icelollintli Auto
ichtli Faden
icipa vormittags
iciuhtiuh [ciuhtia] eilen
icniuh|tli [-tin] Freund
icnopilli arm
icnotlamactia [icnotla-machtic] Leid tun
icnuhyotl (Z: icnoyotl) Freundschaft
icxipanuia [icxipanui, ni|tla-] gehen (zu Fuß)
-icxitlan unter
ihcihui* [iciuh] beeilen, sich
ihhuitl Feder
ihioaanani Staubsauger
ihquiti* [ihquitic] weben
ihtalhuia [ihtalhui, ni|no|tla-, ni|c|n-] reden
ihtoa [ihto] sagen (etwas)
ihtotia* [ihtoti, ni|n-] tanzen
ihuan und
ihuintia [ihuinti] betrinken (sich)
ihza* [ihzac] aufwachen
ilama|tl [-meh] alte Frau
ilcahua [ilcauh] vergessen
ilpia [ilpi, ni|n-] sich begeistern (für etwas)
ilpia [ilpi] festbinden
inecui [inecu] riechen (jmd./ etwas)
intla wenn (Bedingung)
itla etwas
itlani [itlan] bitten (um etwas)
itlanilia [itlanili, ni|no|tla-] anfordern
itqui [itquic] tragen (z. B. etw. auf dem Rücken)
itta [ittac] sehen
ittitia [ittiti] zeigen (jmd./ etwas)
itzcuin|tli [-tin] Hund
itztic kalt
ixamia [ixami, ni|n-] waschen (Gesicht)
-ixco auf, an, vor
ixcuepa [ixcuep] täuschen (jmd.)
ixehualocan Theater
ixiptlacuiloni Kamera
ixiptlacui|ni [-nimeh] Fotograf
ixiptlamecatl Film (Kamera)

-ixpan auf, an, vor
ixpinahua* [ixpinahuac] Scham haben, sich schämen
ixpinauhqui schamhaft, ängstlich
ixtlacayotl Lüge
ixtlahua [ixtlauh, ni|no-] bezahlen (Schulden)
ixtlahuatl Feld
ixtlamachtia [ixtlamachti] erziehen
-ixtlan auf, an, vor
ixtomahuac dumm
izahuactic knusprig
izcaltia [izcalti, ni|no-] wachsen
iztac weiß
iztacteouitlatl Silber
iztatl Salz
iztayo salzig
iztic kalt (Wetter)
iztlacati* [iztlacat] lügen

M

maca [macac] geben
macehual|li [-tin] Bauer, Landwirt
machtia [machti, ni|no-] lernen
machtia [machti, ni|no|tla-] wissen (etw.)
machtia [machti] lehren
macuicui [macuic] erhalten, bekommen (etw.)
mahui* [mauh] fürchten (etwas)
mahuiztilia [mahuiztili] ehren (jmd.)
maiciuh|qui [-queh] Dieb
malina [malin] verdrehen (etwas)
mal|li [-tin, mamaltin] Gefangener
mama [mama] tragen (etw.)
mamaca [mamacac, ni|te|tla-] verteilen (etw. unter Personen)
mana [man, ni|no-] aufstehen, sich erheben
mana [man] stellen
maneloa [manelo, ni|tla-] schwimmen
mani [manca] befinden (etwas sich)
mapilhuia [mapilhui] zeigen (mit dem Finger)
Maquiyacan, *Hungría* Ungarn
matequia [matequi, ni|no-] waschen (Hände)
mati [ma, mat, ni|no-] denken, nachdenken, wohlfühlen
mati [ma, mat] wissen, kennen
matlatl Fischernetz
matzatli Ananas
mauhtia [mauhti; ni|no-] Angst haben
mauhtia [mauhti; ni|te-] erschrecken (jmd.)
mayana* [mayan] Hunger haben
mayordomo spirituelles Amt
mecatl Seil, Strick
melactic gerade
memeyallotl Milch
miäc viel
miäqueh viele
micoani Gift
mictia [micti, ni|no-] umbringen (sich), Selbstmord begehen
mictia [micti] töten
mictlampa Norden
milli Feld
mimichma* [mimichma] angeln
miqui tot
miqui* [mic] sterben
möchi (Z, H: nöchi) alle
momachti|qui [-queh] Schüler
momolotza [momolotz] aufschäumen (etwas)
monequi notwendig
motla [motlac, ni|no-] gegen etw. anstoßen
motlazohtlac teuer (im übertragenden Sinne)
moyöleuhqui verliebt
moztla morgen

N

nacatl Fleisch
-nahuac an, nahe, neben, zusammen mit

nahuallacaquitia [nahuallacaquiti] verhöhnen
nahual|li [-tin, nanahualtin] Schamane
nahuallotl Magie
nahuatequi [nahuatec] umarmen
nahuatilli Gesetz, Regel
nahuatilmati [nahuatilma; ni|no-] gehorchen
nahuatiltzinquixtia* [nahualtitzinquixti] brechen (ein Gesetz)
nahuatl wohltönend, elegant
nahuatlahtolcuepa* [nahuatlahtolcuep] übersetzen (ins Nahuatl)
nahuatlatalhuia [nahuatlatalhui; ni|te-] übersetzen (für jmd. etwas ins Nahuatl)
nalli Seite
nalpanoahcatl Pass
namaca [namac] verkaufen
namictia [namicti, ni|no-] heiraten
namictia [namicti, ni|no|tla-] Erfolg haben
nanquilia [nanquili] antworten
neatiloyan Badezimmer
nececeltiliztli Freizeit
nececemeltiliztli Spaß
neconi nützlich
neixcoliztli Neid, Wut, Teufel
neltoca [neltocac] glauben
nemachtilocalli Schule
nemachtiloyan Schule
nemi*[nen] leben
nemilizamatl Roman
nemiliztli Leben
nemini lebendig
nenca umsonst, vergebens
neneloa [nenelo] mischen
nenemi*[nenen] gehen
nenemiliztli Spaziergang
nenen|qui [-queh] Vagabund
nenetoltiliztli Stimme,Votum
neneuhqui gleich, identisch
nenquen sofort
nen|qui [-queh] Reisender
nentlamachtia [nentlamachti, ni|no-] leiden
nentlamati [nentlama, ni|no-] traurig werden
nentlamati* [nentlama] traurig sein
nepanoa [nepano, ni|no-] zusammenkommen
nepanoa [nepano, ni|te-] gehen (ins Bett mit jmd.)
nepanoa [nepano, ni|tla-] untersuchen (etwas)
-nepantla zwischen, inmitten von
nepantlahtic mittags
nepapan weitere, andere
nepohualtzitzin Computer
nequi [nec] wollen, mögen
netlacuilchimaltontli Kreditkarte
netlaneuhtiliztli Prostitution
neuctli *Pulque*, vergorener Agavensaft
Nihpen, *Japón* Japan
niman gleich (zeitl.), in einem Augenblick
nixtamalli Maisteig
-nohmatca selbst
noihuan auch
notza [notz] rufen (jmd.)

O, Ö

oc noch
ocachitonca bald
occe anderer
ocuil|in [-tin] Wurm
ohomitic dürr
ohtlatocatiliztli Reise
öhtli Weg
ohtoca* [otocac] reisen
ohui gefährlich
ohui schwierig, kompliziert
ohuicayotl Schwierigkeit
olini Motor
ollin Bewegung
ollinixiptlaloyan Kino

ollinixiptlatl Film (Kino, Fernsehen)
ololxopehua* [ololxopeuh] Fußball spielen
ololxopehualli Fußball
ōmpa dort
ōnca dort; es gibt
onnenamictiliztli Heirat
ontlahtoa [ontlahto] unterhalten (sich)
oquich|hua [-huaqueh] Ehefrau
oquich|tli [-tin] Ehemann
oya [oyac] entkörnen (z. B. Mais)
oztotl Höhle

P

pa [pa] färben
paca [pacac] waschen (etwas, nicht eigenen Körper)
pacayelitica prost!
pacayeliztli Freude
pacqui froh, fröhlich
pahcalli Apotheke
pahtia [pahti] heilen
pahtia [pahti] reparieren
pahtiloni heilbar
palani* [palan] verderben, schlecht werden
palanqui verdorben, verwest
palehuia [palehui] helfen
palti* [palti] nass werden
pano* [panoc] passieren
papatla [papatlac] wechseln (etw.), verändern (etw.)
papatlaca* [papatlacac] zittern
paqui [pac] genießen
paqui* [pac] sich freuen
patio teuer
patla [patlac, ni|no-] langweilen (sich)
patla [patlac, ni|tla-] verändern (etw.)
patlahuac breit
patlani* [patlan] fliegen
patolli Spiel
patzcatl Saft
pechteca [pechtecac] verbeugen (sich)
pehpechtli Sattel
pehua* [peuh] beginnen
pehuipan Herbst
Pelxique, *Bélgica* Belgien
pepechtlapayōlli Baseball
pepena [pepen] aussuchen
petlatl Teppich
petonqui verstaucht
peyahua* [peyahuac] vergießen
piā [pix] aufbewahren, haben
pialli Geschenk
piltic edel
pinahua* [pinauh] Scham haben, sich schämen
Pinocan, *Estados Unidos* USA
pino|tl [-meh] US-Amerikaner, „Gringo“
pipia [pipix, ni|te-] Ausschau halten
pipiloa [pipilo] legen (sich in eine Hängematte)
pipiol|in [-tin] Biene
pitzactic dünn
pitzahuac schlank
pitzcomatl Flasche
pitzo|tl [-meh] Schwein
pixahui* [pixauh] nieseln
pixca [pixcac]* ernten
pixquipan Erntezeit
pixquitl Ernte
pochehuac geräuchert
pochictic aufgeblasen
pochictic hereingelegt
pochina [pochin] entdecken (etw.)
pohua [pouh] erzählen
pohua [pouh] lesen
pohua [pouh] zählen
polihui [poliuh] verlieren (etwas)
polihui* [poliuh] mangeln
poliuhqui verloren
poloa [polo] beleidigen
poloa [polo] zerstören
Polzcan, *Polonia* Polen
popoca* [popocac] rauchen (z. B. Feuer, Vulkan), dampfen
popolhuia [popolhui] entschuldigen

popolotza [popolotz, ni|te-] sprechen (eine Fremdsprache)
popotl Besen
pöpöztequi [pöpöztec] zerschmettern
potoni* [poton] stinken
poxactic weich
poyahuac dunkel
pozahuac geschwollen
pozoni* [pozon] kochen
pozonia [pozoni] unterbrechen (jmd.)
pozonqui kochend
pozonqui wütend

Q

quechnahua [quechnahua] umarmen
quemah ja
quen oc yëh umso
quetza [quetz, ni|no-] stoppen
quetza [quetz, ni|no-] zögern
quexqui wie viel
quiahuac draußen
quiahui* [quiauh] regnen
quiahuitl Regen
quimilli Ballen (Stoff)
quitemachicayotl Hoffnung
quitquiticac fähig, geeignet
quixtia [quixti, ni|no-] erfüllen (seine Pflicht)
quixtia [quixti] herausholen (etwas)
quiza* [quiz] abfahren, abfliegen
quiza* [quiz] herauskommen

T

tah|tli [-tin] Vater
talpouhcayotl Rechungswesen
tamachihua [tamachiuh] messen
tanantli Tasche
Tanmac, *Dinamarca* Dänemark
tatlia Schnurrbart
tazohtlaliztli Liebe
tecelticatl Softdrink, Brause
teci [tez] mahlen
tecpana|ni [-nimeh] Programmierer
tecpantli Palast
tectli Staub
tecuemitl Treppe
tecuhtequitl Amt
tecuhtlato [tecuhtlatoqui] Richter
tecuhtlatoloyan Gerichtsgebäude
tecuh|tli [-tin] Herr
tehca [tecac, ni|no-] hinlegen
tehca [tecac, ni|tla-] stellen, hinstellen
teicneli [teicnelimeh] Wohltäter
teixpantli Hilfe, Unterstützung
telpöchcalli Kaserne
telpöchotl Jugend
temacatl Ticket, Karte
temachia [temachi, ni|te-] erwarten (jmd.)
temachia [temachi, ni|tla-] erwarten (etwas)
temachia [temachi, -tech ni|no-] vertrauen (jmd.)
temachia* [temachi] vertrauen (auf etw.)
temachtiloyan Schule
temalli Eiter
temiqui [temic] träumen
temo* [temoc] herunterkommen
temoa [temo] suchen
tempatilia [tempatili, ni|no-] sagen, (etwas falsch aussprechen)
tenamiqui [tenamic] küssen
tenamitl Mauer
tenchichinaloni Zigarette
-tenco am Rande von
tenehua [teneuh, ni|no-] heißen (Namen haben)
tenehua [teneuh, ni|te-] ernennen (jmd.), stimmen (für jmd.)
tenehua [teneuh, ni|tla-] versprechen (etwas)
tenihzaloni Frühstück

tenqui voll
tentia [tenti] anspitzen
tentzöntli Bart
teocuitlatl Gold
teopix|qui [-queh] Priester
teopohua [teopouh; ni|no-] beten
teotlac nachmittags
teotlahtolcuepqui ketzerisch
tepachoa|ni [-nimeh] Präsident
tepahtia|ni [-nimeh] Heiler
tepazölli Nest
tepehua|ni [-nimeh] Eroberer
tepetl Hügel, Berg
tepipiloa [tepipilo] verführen
tepiton klein
tepitztic hart (nicht weich)
teponaztli Trommel
-tepotzco hinter
tepözöhcan Bahnhof
tepözöhtli Eisenbahn
tepözpapalotl Flugzeug
tepuzcomatl Dose
tequi [tec] schneiden (etw.)
tequi|ni [-nimeh] Arbeiter
tequipanilhui|ni [-nimeh] Angestellter
tequipanoloyan|qui [-queh] Laborkraft
tequiti* [tequitic] arbeiten
tequitia [tequiti, ni|c|no-] kümmern (sich um etw.)
tetic hart
tetl Stein, Ei
tetlacaquiltia* [tetlacaquilti] jmd. informieren
tetlacmatiliztli Gehorsam
tetlalpan Heimat
tetlamaca|ni [-nimeh] Kellner
tetocaicuilolizmachiotl Formular
tetzahuayotl Suppe
-teuh ähnlich wie
textli Maisteig
teyacaya|ni [-nimeh] Pädagoge
tezcatl Spiegel
tiamictli Wahre
tianquiztli Markt
ticitl [titici] Arzt
tilahuac zähflüssig
tilictic eng
titlani [titlan] schicken (jmd.)
tizatl Kreide
tocaicuil Unterschrift
tocaitl Name
tocayotia [tocayoti] benennen (jmd.)
Toichtlan, *Alemania* Deutschland
toloa [tolo] schlucken
toltecayotl Zivilisation
tomahua [tomahuac, ni|no-] dick werden
tomahua [tomahuac] mästen
tomahuac dick
tonacauh Körper
tonallan Sommer
tonalli Sonne, Tag, Energie
tonalpohualli aztekisches Kalendersystem
tonalquiza* [tonalquiz] Ferien/Urlaub haben
totol|in [-tin] Huhn
totonqui heiß
toto|tl [-meh] Vogel
toznequi [toznec] bedeuten, heißen (etw. in einer Sprache)
tzahua [tzauh] nähen
-tzalan zwischen, inmitten von
tzapocuauhtla Gemüsegarten
tzauhtehua [tzauhteuh] schließen
tzayani [tzayan] zerreißen (etwas)
tzayanqui zerrissen
tzetzelihui* [tzetzeliuh] schneien
tzetzeloa [tzetzelo] schütteln
tzictli Kaugummi
tzilini* [tzilin] klingen
tzimmicqui impotent
-tzintlan unter
tzoncalli Kopf

tzonia [tzoni] nähen
tzopelic süß; Süßigkeit
tzotzotlaca* [tzotzotlacac] funkeln
tzoyoa* [tzoyoac] verschmutzen
tzoyonia [tzoyoni] braten (etwas)

TL

-tla Platz (oder Zeit) der Fülle
tla wenn (Bedingung)
tlacati* [tlacat] geboren werden
tlacatian Geburtsort
tlacatianyotl Nationalität
tlacatilizcahuitl Geburtstag
tlaca|tl [-meh] Mensch, Mann
tlacelo|tl [-meh] Gast
tlacempoaliztli Summe
tlachiä* [tlachix] beobachten
tlachpana* [tlachpan] fegen
tlachtli Ball
tlacoh Hälfte
tlacohualoni Geld
tlacoyoctli Loch
tlacuactic hart
tlacuayan Esszimmer
tlacuihuilocayotl Bild, Gemälde
tlacuiloni Stift
tlacuipilli Hemd
tlahapaloa [tlahpalo] begrüßen
tlahcoa [tlahco] beschädigen
tlahtoa [tlahto] sprechen
tlahtohueyac gesprächig
tlahtolli Sprache
tlahtolloa* [tlahtollo] Dialog halten
tlahuana [tlahuan] trinken (etwas zu viel)
tlahuanqui angetrunken
tlahuatic sehnig
tlahuica|tl [-meh] Dummkopf
tlahuicatl Becher
tlahuinahuac Morgengrauen
tlailli Getränk
tlailmacoqui Trinkgeld
tlailpia [tlailpi] festmachen
tlalhuactli Insel
tlalia [tlali, ni|no-] setzen (sich)
tlalia [tlali, ni|tla-] stellen (etwas, allg.)
tlalli Erde
tlaloa [tlalo, ni|no-] laufen
tlalolini* [tlalolin] beben (die Erde)
tlalolliniztli Erdbeben
tlalticpactli Welt
tlamaneloloyan Schwimmbecken
tlamaniliayan Museum
tlamantli Sache, Ding
tlami [tlan] beenden
-tlamia am Ende von
tlamictia abwägen (etw.)
tlanamiquiliztli Intelligenz
tlanextli Licht
tlanexyotl Glanz
tlanonotzaliztli Bericht
tlanonotzaliztli Information
tlaocöya* [tlaöcox] traurig sein
tlaolli Mais
tlapahtia [tlapahti] reparieren
tlapalaquia [tlapalaqui] malen, anstreichen
tlapalli Farbe
tlapana [tlapan] kaputtmachen
tlapani [tlapan] kaputtgehen
tlapanqui kaputt
tlapcopa Osten
Tlapcopatlahtocayotl, *Austria* Österreich
tlapechtli Bett
tlapohua [tlapo, ni|te-] entdecken (etwas)
tlapohua [tlapo, ni|tla-] öffnen
tlapohualli Rechnung
tlapohualoni Computer
tlaquehua [tlaqueuh] anheuern
tlaquentili angezogen
tlatecpanalli Programm
tlatequipanoliztli Beruf
tlatia [tlati, ni|no-] brennen

tlatia [tlati] verbrennen, verstecken
tlatla* [tlatlac] brennen
tlatlaci* [tlatlaz] husten
tlatlametl Geizhals
tlatlani [tlatlan] fragen (jmd.)
tlatlaniliztli Forschung, Untersuchung
tlatlapantli kaputt
tlatzacualon|qui [-queh] Schlosser
tlatzacuilli Tür
tlatzihuiztli Faulheit
tlauhtia [tlauhti, ni|no-] geholfen werden
tlauhtia [tlauhti, ni|te|tla-] bitten (jmd. um etw.)
tlaxcalli Tortilla, Maisfladen
tlaxcalpacholli Taco
tlaxtlahuilia [tlaxtlahuili] bezahlen
tlaxtlahuilo [tlaxtlahuiloc] verdienen (Gehalt)
tlayocoya|ni [-nimeh] Ingenieur
tlazohcamati danke
tlazohtetl Edelstein
tlazohtla [tlazohtlac] lieben
tlazohtli edel
tleamananalli Herd
tleco* [tlecoc] steigen
tlein, tlei, tle, tlen was?
tlemiahuatl Flamme
tletl Feuer
Tlilcho Altepemeh, *Holanda* Niederlande
tlilli [tliliuh] kaputtgehen
tliltic schwarz
-tloc zusammen mit, neben

X

xicalli Korb
xicoa [xico, ni|no-] beneiden (jmd.)
xicoa [xico, ni|te-] verhöhnen
ximocehuitzino! Gesundheit!
xöchicualli Obst
xöchitl Blume
xococ bitter
xocomicqui betrunken
xöpaniztli Frühling
xoxocauhqui schimmelig
xoxoctic blau

Y

yacana [yacan] führen (jmd.)
yacapitzahuac spitz
yahualtic rund
yahuic dunkel
yalhua gestern
yamanqui warm (z. B. Speisen)
yancuic neu
yancuitini Nachrichten
yaö|tl [-meh] Feind
yaötl Krieg
yauh* [ya] gehen
yeceh aber
yeyantli Adresse
yocoyoliztli Ingenieurswesen
yohuac dunkel
yohualcan Nachtclub
yohualnepantla Mitternacht
yohualtica nachts
yölacocui [yölacocuic] verlieben
yölacomana [yölacoman] unruhig werden
yölahuialtia [yölahuialti] erfreuen (jmd.)
yölcan Wohnort
yölcaticitl [yölcatitici] Tierarzt
yölca|tl [-meh] Tier
yölcehuia [yölcehui] beruhigen (jmd.)
yölceuhcayotl Güte
yölceuhqui beruhigt
yölchicahua [yölchicauh] sich Mühe geben
yölchicahua [yölchicauh] Mut machen (jmd.)
yölchichipatilia [yölchichipalti] traurig sein
yölcocoa [yölcoco] sich schämen
yölcocolcuic wild, grausam
yölcocole ungeduldig
yölcocoltia [yölcocolti] sich begeistern (für etw.)

yölcuecuepqui sprunghaft (Person)
yölcuecuepqui untreu
yölcuepa [yölcuep; ni|no-] umdenken
yölcuepa [yölcuep; ni|te-] umstimmen (jmd.)
yölehua [yöleuh; ni|no-] sich begeistern (für etw.)
yöli* [yöl] geboren werden
yöliatl Seele
yölic langsam
yölic ruhig
yölilizo spirituell
yölitlacalhuia [ni|te|tla-] beleidigen (jmd.)
yölitlactli Unmut
yöliuhtlalia [yöliuhtlali] zufrieden stellen (jmd.)
yöliuhtlamachtia [yöliuhtlamachti; ni|te-] bestätigen (jmd. etw.)
yöliuhtlamati* [yöliuhtlama] diskret sein
yölizahuia [yölizahui] nerven (jmd.)
yöllalia [yöllali] trösten
yölli Leben
yöllo intelligent
yöllochicactic großzügig
yöllochicahuac mutig
yöllococolli Beleidigung
yöllocuecuepa [yöllocuecuep] bestechen (jmd.)
yöllomicqui böswillig
yöllomicqui schwerfällig
yöllopozoni* [yöllopozon] wütend sein
yöllopozonia [yöllopozoni] wütend machen (jmd.)
yölloquimatiliztli Beachtung
yöllotehuia [yöllotehui] aushalten (etw.)
yölloteohuia [yölloteohui] erfinden (etw.)
yöllotepitztlacuactia* [yöllotepitztlacuactiac] bestehen (auf etw.)
yöllotia [yölloti, ni|no-] scheinen (jmd. etw.)
yöllotiliztli Vertrauen
yöllotlapaltic mutig
yöllotlapana [yöllotlapan] verlieben
yölloxoxouhqui frei
yölmaxiltia [yölmaxilti, ni|no-] denken
yölolice lebendig
yölpapatztic weichherzig
yölpohua [yölpouh, ni|no-] nachdenken
yölquimil dumm
yölteohuia [yölteohui, ni|no-] voraussagen (etw.)
yöltictli, yöltextli Mehl
yölyamania* [yölyamanix] erschüttert sein
yuccic gekocht
yuhcatiliztli Kultur
yuhqui so wie
yuhquiz atl Mineralwasser

Z

zaca [zacac] transportieren
zan nur
zapalotl Banane
zatepan später
zazanëlli Rätsel, Geschichte
zoma [zoma, ni|no-] sich ärgern
zoquitl Schlamm
zotlactic schwächlich
zotlahuac schlaff
zozohua bügeln
Zuizcan, *Suiza* Schweiz

Der Autor

In Ostfriesland geboren, kam ich mit meinen Eltern 1983 nach Mexiko. Dort haben mich Besuche archäologischer Stätten und Museen stets in ihren Bann gezogen. Nach dem Abitur studierte ich in Mexiko Tiermedizin, lernte Land und Leute auf eigene Faust kennen und lieben, und trotz des deutschen Passes sitzt in meinem Herzen immer noch ein Adler auf einem Kaktus und hält eine Schlange im Schnabel. Zu dieser Zeit lernte ich Nahuatl von meinem Mentor, IQ Tlacatzin Stivalet. Dabei war es ihm wichtig, über Vokabelpauken und Grammatikbüffeln hinaus die Denk[illegible] übermitteln, durch die diese wunders[illegible]e Sprache funktioniert. Nun ist mir klar geworden, dass die indianischen Wurzeln Mexikos nach wie vor überall präsent sind, werden sie auch meist durch das Spanische überwuchert.

Nach elf Jahren in Mexiko bin ich wieder nach Deutschland zurückgekehrt. Mexiko und die indianischen Kulturen habe ich nie ganz aus den Augen verloren. Meine Nahuatl-Kenntnisse haben mir einen bedeutend tiefergehenden Einblick in dieses faszinierende Land voller Gegensätze vermitteln können.